Land it luck!

Isidor Höld

Land it luck

heiter und besinnlich

Franz Brack  Verlag, Altusried

Die Namen der betreffenden Personen, welche bei den verschiedenen Gedichten und Erzählungen vorkommen, wurden geändert

Franz Brack Verlag
ISBN 3-928934-98-8
Umschlag und Illustrationen: Annemarie Jaumann
Copyright 1994 Isidor Höld, Gumpenweiler
1. Auflage

Inhaltsverzeichnis

Land it luck! 8

's Glomp 12

's Biblwort 14

's Schneaglöckle 17

Em Friahleng zua 18

Friahlengsafang 20

Osterlied 22

Regen! 23

Wenn die Rosen blüh'n! 24

Zur Hochzeit! 25

Jugendzeit! 26

Zur Taufe 28

Zum Geburtstag 29

Dr Geburtsdag 30

Aus der Kindheit 32

Onsr Hexle 34

Mama's Hobby 36

Dr altschwäbisch Wortschatz 39

D'r Schtädtl'r auf'm Baurahof! 44

D' Museumsfahrt 46

D' Landkreisgrenz 49

A ubändegr Hond 50

Em wiaschta Siach sei Liab 51

Begegnung 52

's Kräuterweible 54

Dr Ehekrach 56

Dr Ruheschtand! 57

's Rentnerleaba 58

's Altburgamoischtrtreffa 60

Ganz hie 64

Anregungen für 's Leben 66

Sonne über Frankreich 68

Die Sonnenuhr 70

Wia's dr Vatr will! 71

's Geheimnis! 72

Der Glaube macht's 74

De duir Medizin 75

Dr Hebamm Jakl 78

Om de oige Haut! 81

Der neue Besen 83

Der letzte Gast 85

Der Hagenbichler und sein Herrgöttle 87

Zum Feldkreuz am Höldenberg 91

Alte Kameraden 92

Sapotasch 96

Gefangen, gehaßt und geliebt 98

Idi sa mnoi (Geh mit mir!) 107

Der Fremde! 111

Vom Nikolaus 112

Winter 114

Wentraubad, ohne Schtrom 115

Jahreswende 116

Worterklärungen 117

Land it luck!

Land it luck, so sagad d'Schwauba,
wenn's om dicke Brocka gaut.
An Gott ond an sich selbr glauba,
haltad zema, send auf Draut.

Ehrlich bleiba, fleißig schaffa,
au mit weaneg z'frieda sei.
It all nauch de andre gaffa,
was it sei ka, ka it sei.

Haltad fescht an uire Sitta,
geand's it auf, dia alte Bräuch.
Om Kloinigkeita weat it g'schtritta,
dear wo z'frieda isch, isch reich.

Land it luck, so hoißt d'Parole,
ob privat, ob beim Verei',
ond vom Scheitl bis zur Sohle,
muascht a ganzr Kerle sei.

Land it luck, hoißt 's Losungswort,
ob beir Museg, ob beim Schport.
Reiß di zema ond gib acht,
schlaufa, des kasch bei dr Nacht.

Fescht trainiera, fleißig iaba,
's Ziel it aus de Auga lau.
D'Schuld it auf de andre schiaba,
sollt's amaul drneaba gau.

Gib it auf, it om's Verrecka,
pack weags ra Schlappe it glei ei.
Beim Schport, dau geit's koi Zuckrschlecka,
dau driebr muascht em Klara sei.

Ond wenn d'bei ma Choar mitsengsch,
muascht hald au en d'Proba gau,
daß d'koin falscha Ton neibrengsch,
halt die dra, nau klappt des au.

Au em Beruf ond en dr Schual,
wenn'd leicht bisch, haut's die bald vom Schtual.
Als Hausfrau muasch die au bewähra,
it bloß da Dreck, en's Eck neikehra.

Brengsch dau en Schmarra auf da Diesch,
dear wo schier it genießbar isch.
D'Liab gaut, des heart ma oft gnua saga,
seit eh' und jeh scha dur da Maga.

9

Auf jeden Fall betrifft des alle,
ob groaß, ob kloi, es gilt dear Satz:
Wenn d'luck lausch, bisch ond bleibsch a Lalle,
wenn d'die it riahrsch, nau ghearsch dr Katz.

Ond en dr Liab, dau weat it g'hudlad,
schtreichla, kussa mit Vrlaub.
Dear wo 's Schätzle it vrbudlad,
isch koi Kerl, koi echtr Schwaub.

Weascht langsam öltr, sollsch die halta.
Wandra muasch dau ond marschiera,
schtreng auf f. d. H. omschalta,
wenn d'willscht a baar Pfond vrliera.

Denn dau wenn d'Zügl lottra lauscht,
en oinr Wuch isch allz mea dett,
was d'en zwea Maunat wegbraucht hauscht,
en acht Däg bisch mea dick ond fett.

A bissle schwitza, isch koi Schada.
A bissle miad sei, isch koi Schand.
Em Bett, kasch ja d'Battrie mea lada.
So schnell bricht 's Gschtöll it ausanand.

A weng was schaffa, d'Leit lausch laufa,
Kehra duasch voar deinr Dier.
So wia d'dei Bett machsch, so weasch schlaufa,
gang deine Weag ond drenk dei Bier.

Ond dua dein Gaul fei friah gnua sattla.
Bleib auf'm halba Weag it schtau.
Denn, wenn d'amaul kasch nemma graddla,
muasch dein Schtecka g'schnitta hau.

Au an dei Seal sollscht manchmaul denka
Wenn's nau amaul weat soweit sei,
daß dir dr Liabe Gott weat wenka,
daß d'hald nau kommscht en Hieml nei.

's Glomp

Mit'm Glomp, dau muaß ma hausa,
so hand onsre Vätr gsait.
's Zuig isch duir, dau kennt's oim grausa,
kaufa, kaufa, kommscht it weit.

Dau isch rar a guatr Raut,
wenn ma dia Probleme haut,
ond d' Erfahrong haut's ons glehrt,
wia ma's macht, so isch vrkehrt.

Kaufsch du dir en alta Karra,
muascht hald oft en d' Werkschtatt fahra.
Kaufsch en Nuia ond hausch Pech,
geit's da scheanra Haufa Blech.

Ma ka au mit nuie Sacha
allrhand Erfahrong macha.
Dau moischt was duascht, kaufsch a Maschi,
kaum hausche zahlt, ische scha hie.

Es isch hald so auf deanr Welt,
dr Komfort, dear koscht sei Geld.
Ond desselbe zom beschaffa,
muaß a manchr ganz schea raffa.

Arbeit adelt, hoist's so schea.
Viel hau i dau nia drauf gea.
Em Arbeitr guggt ma aufs Maul,
da Habr frißt dr feireg Gaul.

Doch sag i mir allawei:
Liabr bleib i arm drbei,
als wia reich sei ond a Lomp,
ond mach weitr mit meim Glomp.

13

's Biblwort

A Bäurle haut a Viehwoid ghet
grad neaba dr Kaserna det.
Ema Schtierle, namens Hannibal,
weat dia Gefangenschaft zur Qual.

Denn ear haut manchmaul von dr Heacha
en da Kasernahof neigseacha.
Wie d' Leit dau laufad ei ond aus
ond d' Auto fahrad dur em Saus.

Ear haut au oft scha senga heara,
ond d' Museg heartr au ganz geara.
Dau muaßr nei, des weat probiert,
drom haut ear se was ausschtudiert.

Fir was haut ear denn seine Hoara?
Glei gautr dra ond fangt a boara.
Des klappt au glei, aufs easchte Maul,
bald hangtr en dr Luft, dr Pfaul.

A Riesafreid haut ear drbei,
drom nemmtr au da Nägschta glei.
Da Dritta au no, mit Horuck,
jetz flackt es dau, des ganze Schtuck.

So denktr se, des wär jetz gschafft,
jetz gang i glei auf d' Wandrschaft.
It weaneg schtolz auf seine Tata
will ear jetz nei, zua de Soldata.

Als jongr Held kommt ear sich voar,
so schtautr voar em Eigangsdoar.
Dau kommt au grad, was fir a Wonne,
a kloina Laschtwagakolonne.

Onds Doar gaut auf, bis ear se besennt,
des isch dr richtige Moment.
Ganz unbemerkt, zwischa de Laschtr,
flitzt ear ibrs Kasernapflaschtr.

Macht seine Sätzla kreiz ond quer,
jetzt ischr denn beir Bundeswehr.
Ma muaß des Gschäft bloß recht vrschtau,
a bissle Glick muascht hald au hau.

Doch dau kommt oinr mit ma Säbl,
des isch dr Schpiaß, dr Hauptfeldwebl.
Dear brengt voar Schrecka gar nix raus.
En d' Schreibschtub nei gauts mea em Saus.

Dau sitztr na, isch ganz entsetzt,
kriagt schier koi Luft, so ischr gwetzt.
Ond nau weat glei telefoniert,
's Eisatzkommando alarmiert.

Des haut nau hald, mit Schtrick ond Schtanga
dean arma Hannibal mea gfanga.
Nau weat ermittlad dear Besitzr
ond ab gauts mit deam jonga Flitzr.

Am nägschta Dag weat diskutiert,
weat globad ond weat kritisiert
beim Regiment, beim hoaha Schtab
ond au bei dr Befehlsausgab.

Ha, schreit dr Schpiaß: Sie, Schütze Bauer,
Sie sind doch immer so ein Schlauer,
Sie wissen doch immer sofort
für jeden Fall ein Bibelwort.

Wenn mam vrschpricht, daß nix passiert,
ear hätt sich scha was ausschtudiert,
nau moit dr Bauer, dätr 's saga,
bloß mießt ma hald en Schpaß vrdraga.

Na also los, raus mit der Sprache,
es kommt nichts nach, bei dieser Sache. -
Er kam zu den Seinen, seit dr Bauer drauf,
doch sie nahmen ihn nicht auf.

's Schneaglöckle

Wenn alle Bloama no em Schlauf,
isch 's Schneaglöckle scha wach.
D' Eiszapfa hangad no am Trauf,
's Schneaglöckle isch beir Sach.

Es leitad ons da Friahleng ei
in zartem Grea ond Weiß,
ond griaßt da easchta Sonnaschei
no zwischa Schnea ond Eis.

So leitad 's alle Bloama raus
aus ihrem Wentrschlauf.
Wenn allz nau treibt ond bliaht oms Haus,
nau hearts mit'm Leita auf.

Em Friahleng zua

Jetz dürft'r gau, dr Wentr,
ma hätt jetz langsam gnua,
denn guggesch en Kalendr,
es gaut em Friahleng zua.

Scha lang send d' Schtara komma,
au Oaschtra kommt scha bald,
drbei hauts all en Schnea no
ond d' Nächt send no so kalt.

D' Schneaglöckla bliahad alle,
d' Palmkätzla send voll dau,
fei schpitzad d' Oaschtrglocka
ond d' Kaiserkroana au.

Glei kommad d' Schlüsslbloama
ond Buschwendreaßla nau,
dia fette Dottrbloama
ond d' Krokus gelb ond blau.

18

I ka's schier it vrwarta,
bis gaut der letschte Schnea,
bis bunt weard Wies ond Garta
ond d' Lerch schteigt auf en d' Heah.

Au huir weats Friahleng weara,
gib d' Hoffnong blos it auf,
wia Sonna Mau ond Schteara,
so gaut au des sein Lauf.

Friahlengsafang

Jetz fangt des scheane Friahjauhr a,
dr Petrus dear laut schneiba.
Ear sait si, 's Weattr des mach i,
ond uira Friahlengsphantasie
dia wear i ui vertreiba.
I laß jetz schneiba, was i ka,
was gaut mie dr Kalendr a.

Jetz sendr amaul schea geduldig,
dean Wentr bleib i ui it schuldig.
So mointr, planad ihr na zua,
des brengt mie garit aus dr Ruah.
Huir haut sich's hald a weng verschoba,
was soll i mit deam Schnea dau roba?
Dean wirf i na, wia jedes Jauhr,
auf dia bugglad Welt, haut doch koi Gfauhr.

Ihr Menscha wearad so all keck'r,
des gaut mir langsam auf da Weckr.
Grad mit dear Weltraumpolitik,
dia hau i sowiaso scha dick.
Zletscht wearad mir dir frecha Siacha
no voar dr Hiemlsdier romfliacha.
Dau gib i Kontra, zom vrschtau,
allz ka i mir it gfalla lau.

Doch aus Mitleid mit de Brettlaflitzr
ond deane arme Liftbesitzr,
soscht kommad dia mea recht en d' Noat,
dia beatad au om's täglich Brot
ond d' Schportartikelinduschtrie,
denn wenn's it schneibt, kauft koinr Schie.
Drom laß i au no weitrschneiba,
es weat no a weng Wentr bleiba.

Osterlied

Christ ist auferstanden

Christ ist auferstanden, halleluja,
tönt's in allen Landen, halleluja.
Von den Türmen schallt es,
durch die Täler hallt es.
Halleluja, halleluja.

Tausend Bäche fließen, halleluja,
tausend Knospen sprießen, halleluja.
Und des Winters Schmerzen
fliehn aus aller Herzen.
Halleluja, halleluja.

Christus sei's gesungen, halleluja,
der den Tod bezwungen, halleluja.
Aus des Grabes Nacht
ist er hell erwacht.
Halleluja, halleluja.

Drum laßt uns nicht zagen, halleluja
und nicht weheklagen, halleluja,
Christus ist das Licht,
er vergißt uns nicht.
Halleluja, halleluja.

Regen!

Kein Leben ohne Regen,
kein Wachstum in Wald und Flur,
wenn Gott nicht spendet Segen
für Mensch und Kreatur.
Und schaffen wir rund um die Uhr,
wenn kein Regen fällt, stirbt die Natur.

Der Bauer mag pflügen und säen,
mag pflegen und düngen das Land.
Er wird nicht ernten, nicht mähen,
nichts lohnt seine schwielige Hand,
umsonst alles Schaffen und Mühn'n,
wenn kein Regen erquicket das Grün.

Und scheint uns dann wieder die Sonne
nach der kühlen, erfrischenden Nacht,
das erfüllt die Gemüter mit Wonne
und Freud, an der blühenden Pracht.
Es blüht auf dem Berg und im Tal,
alles regt sich im wärmenden Strahl.

Und die Gräser, die Sträucher und Blumen,
sie atmen die herrliche Luft.
Auch die Ameisen, Bienen und Hummeln,
die auf den Wiesen sich tummeln,
genießen den lieblichen Duft,
wenn der Kuckuck vom Waldrand her ruft.

Wenn die Rosen blüh'n!

Jeder Mensch hat eine Jugend,
jedes Jahr hat einen Mai.
Pflück die Rosen, wenn sie blühen,
eh' die Schönheit ist vorbei.

Doch wo Rosen, sind auch Dornen,
ohne Mühe keinen Preis.
Keine Liebe ohne Schmerzen,
keine Ernte ohne Schweiß.

Und hast du in deinem Leben
Tage, wo das Glück dir blüht.
Nütz die Zeit, die dir gegeben,
bieg das Eisen, wenn es glüht.

Denn so sind des Lebens Wehen,
manchmal ist das Glück uns nah.
Doch eh' wir uns danach drehen,
ist es oft schon nicht mehr da.

Kurz nur ist die Zeit der Rosen,
kurz nur ist die Blütezeit.
Alle Schönheit ist vergänglich,
Dornen gibt's noch, wenn es schneit.

Zur Hochzeit!

Liebes Brautpaar

Ihr habt das Jawort Euch gegeben,
versprochen Euch fürs ganze Leben.
Zwei Ringlein wollen Euch das sagen,
die Ihr ein Leben lang sollt tragen.

Wie diese Ringlein, echt und rein,
so soll auch Eure Liebe sein,
soll Eure Treue stets besteh'n,
im Leid sowie im Wohlergeh'n.

Wo in Eintracht, Güte, Ehrlichkeit
zwei Herzen liebend sich vereinen,
wird auch, wenn's draußen stürmt und schneit,
im trauten Heim die Sonne scheinen.

Und geht's mal kurz in rauhen Tönen,
am Abend sollt Ihr Euch versöhnen.
Ein kleiner Streit in eig'nen Mauern,
er darf die Nacht nicht überdauern.

Nun wünsch ich Euch noch Gottes Segen
und Glück auf allen Euren Wegen,
im Sommer, wenn der Kuckuck schreit,
und wenn's im Winter stürmt und schneit.

Jugendzeit!

An einem Sonntagmorgen
ging ich durchs Sommerfeld.
Ich dachte nicht an Sorgen
und nicht an Gut und Geld.

Da stand ein schönes Mädchen
an einem Wiesenrand.
Ein Sträußelein aus Blumen
hielt sie in ihrer Hand.

Als ich sie höflich fragte,
ob ich könnt mit ihr geh'n,
lacht' sie mich an und sagte:
Ja gerne, bitte schön.

Wir sprachen nur vom Schönen
in Freude, Lieb' und Lust,
und in den höchsten Tönen,
schlug's Herz in meiner Brust.

Ich war mit ihr gegangen
kaum mehr als eine Stund;
küsst sie mich auf die Wangen
und ich sie auf den Mund.-

Doch trennte unsre Bande
das Schicksal, ach, schon bald.
Der Krieg zog in die Lande,
zerriß sie mit Gewalt.

Ich mußte fahren, reiten,
's war nicht nach meinem Sinn,
in Rußlands wilden Weiten.
Die Jugend flog dahin.

Als ich nach vielen Jahren
die Heimat wiedersah,
viel fremde Menschen waren,
mein Schätzchen nicht mehr da.

Wo sind die einstmals Lieben?
Wo Jugendlust und Schwung?
Was uns davon geblieben,
ist die Erinnerung.

Zur Taufe

Wolfgang soll Dein Name sein,
den durften wir Dir geben.
Gott schickte Dir ein Engelein,
das Dich soll behüten fein
für Dein ganzes Leben.

Gott schickte Dir ein Engelein,
das Dich stets begleite,
das auf allen Wegen Dein
soll Dein Freund und Helfer sein
treu an Deiner Seite.

Zum Geburtstag

Zu Deinem Wiegenfeste
wünsch ich Dir das Beste.
Ich wünsche Dir, mit Herz und Mund,
daß Du auch immer bleibst gesund
und einen freien, frohen Mut.
Das bringt Dir mehr als Geld und Gut.

Ich wünsch Dir soviel Glück und Segen,
wie Blümlein steh'n an allen Wegen,
wie Tropfen fallen in einer Woch',
wenn es regnet noch und noch.
Eintracht und Frieden in dem Haus,
mit allen, die geh'n ein und aus.

Nun will ich mein Gedichtlein schließen
und hoffen, daß es Dich erfreut,
doch diesen Tag sollst Du genießen,
es ist nicht jeder Tag wie heut.
Behalt ihn in Erinnerung
und bleibe hundert Jahre jung.

Dr Geburtsdag

Wenn'd achzeh weasch, dau freisch Die drauf,
es gaut manches Dierle für Die auf.
Beim Zwanzgr duat's nomaul en Ruck,
vielleicht bisch g'wachsa no a Schtuck.
Dau merksch langsam, daß'd ebbr bisch,
wenn d' Umgebung au en Ordnung isch.

Normal hausch scha da Fiahrerschei
ond d' G'söllaprüfung zwischanei.
D'Buaba miaßad dau, dia meischta,
zom Bund odr Zivildienscht leischta.
Doch d'Mädla hand dau ihra Ruah,
wenn it, druckt andrschtwo dr Schuah.

Von dreißg bis viazg gaut's ziemlich eba,
dau kasch Dei Gsondheit no verheba.
Dau ka's no ohna Doktr gau,
a bißle Glick muascht hald au hau.
D'Gsondheit isch 's Wichtegscht auf dr Welt,
des merksch nau scha, wenn's amaul fehlt.

Mit viazg gaut's bei de meischte a,
dau kommad scha dia Breschtana.
Dau schticht's ond zwickt's scha det ond dau,
em Gnack, em Buggl odr em Bau.
Mit fuchzg schickt ma de nau auf d'Kur
odr en Erholung zwischadur.

Von sechzg a, glaub's, was i Dir sag,
isch dr Geburtsdag fascht a Trauerdag.
Dau kasch nau 's Beschte no draus macha,
kasch nauchdenka odr au lacha.
Nemm's liabr leicht, laß d'Pfropfa kracha,
Du ändresch nix an deane Sacha.

Dau kasch nau Deine Freind eilada,
bisch d'Hauptperson von Gottes Gnada.
Gschenkla wearad se Dir brenga,
vielleicht sogar a Schtändle senga,
ond 's Fazit von deam Feschtle isch,
daß'd mea om a Jauhr öltr bisch.

Aus der Kindheit

Ema schtilla Wiesatal
schtaut a altr Oichabaum.
Wenn i dean sieh em Sonnaschtrahl
kommt mir so manchr Kindheitstraum.

Glei neabadra war's Brünnale
ond a saubrs Rinnale.
I woiß no guat, wia mir als Kend'
dau am Schpiela gwesa send.

Wia mir dau send am Gräble gsessa,
hand dronka ond hand d'Händ neigwäscha,
hand d'Schuah radoa ond Weiherla gmacht
ond nau recht g'huaschtad en dr Nacht.

Ma isch au ondr d'Oich neigsessa
zuar Brotzeit ond zom Mittagessa.
Mir Kendr send en Schatta ghockt,
hand Pfeifla gmacht ond Bloama brockt.

Am Baum sieh i a Seages hanga,
en Ackr mit Kartofflschtranga,
sieh d'Muattr mit'm Recha laufa
ond 's Kälble aus'm Graba saufa.

I sieh en Pfluag, en Loitrwaga,
mei Schwester no beim Bändr schlaga.
Da Vatr, d'Gabl en dr Hand
ond drei, vier Reiha Woizamannd.

Em Hörbscht, beim Hiata hand mir Kend'
Schutz gsuacht voar'm Reaga ond voar'm Wend.
Dau hamr ons hendr d'Oich naduckt
ond zwischadur nauch'm Vieh mea guggt.

Au Hiatafuirla hamr gmacht,
des war manchmaul a wahra Pracht.
Dia dürre Äscht hand kracht ond brennt,
wo ondr'm Jauhr ragfalla send.

Dia Zeit, des Hiata ond dia Kiah,
so ebbes vrgiß i nia.
Des sag i ui, bei meinr Ehr,
ond wenn i hondrt Jauhr alt wear.

Onsr Hexle

Sie wär ja so a netta Boll,
bloß manchmaul dreibt se's oifach z'toll.
Sie föhrt mit fremde Kerle mit,
dau fendsch se a baar Däg lang it.
Ma fraugad 's Dörfle na ond nauf,
's haut allz koin Weart, zletscht geit mas auf.

Wenn ma nau d'Hoffnong fascht vrloara
ond schempft, dau haut ma bloß da Zoara.
Was sollsch de örgra, pfeif doch drauf,
nau taucht dear Fratz auf oimaul auf.
Als Ausreißre scha bald bekannt
ische em ganza Schtaudaland.

Eascht brengt ma se, am Morga scha,
mit'm Auto von Mittlneifna ra.
Drbei hand's mir no garit gwißt,
daß dear Bankr furt gwest ischt.

Wenn's a Mädle wär, nau wär's a Schand.
Ma mießt se schäma, em ganza Land.
Doch, Gott sei Dank, dear elend Fratz,
des isch bloß onsr jonga Katz.

Ond wenn ma 's Hexle schtreichalad,
nau kommt dr Baule au
ond guggad gradfurt an oim nauf,
ond schreit: Mie au, mie au.

Mama's Hobby

A jedr derf a Hobby hau,
bloß d'Mama, dia haut kois.
Dr Pappa ka zom Senga gau,
dr Bua ond's Mädle zom vrschtau
end Diskothek bis ois.

Denn d'Mama haut ja ihre Pflichta.
Dia muaß em Bua sei Gwand herrichta,
daß dear nau allz beinandr haut,
wenn ear mea in sei Arbad gaut.

Des isch ihr Wochaendvergniaga
's ganz Jauhr auf Brecha odr Biaga,
daß's doch bei jedem recht isch,
ob's Wettr guat, ob's schlecht isch.

Dia haut im Sommr wia em Wentr
mit ihrem Vieh ond ihre Kendr
ond ihrem Hof doch Hobby gnua,
da ganza Dag isch dau koi Ruah.

A Kuah wenn kölbrad en d'r Nacht,
ja dau weat au koi Ausnahm gmacht.
Ganz klar, dau muaß se helfa,
ob's zwoi isch odr zwölfa.

Ob's zwua Schtond daurad odr drei,
auf jeden Fall, sie isch drbei.
Am Morga, wenn dr Goggl schreit,
gaut's weiter mit de gleiche Leit.

Muaß sie amaul en's Krankahaus,
dau gand glei alle Liachtr aus.
De Kendr ond em Maa gaut's schlecht,
bis sie sich fendad a weng z'recht.

Am Sonntag danzad se nau a
d'Kendr, d'Enkel ond dr Maa.
Ond jedes brengt en Bloamaschtrauß,
Familientreff em Krankahaus.

Dau schtandad alle rom om's Bett,
's gaut an a Frauga grad om d'Wett.
Ond wissa wend se hald des oi,
Mama, Oma, wann derfsch hoi?

Au wenn se scha vrheirad send
ond kommad hoi, en Schprong nau gschwend,
nau guggt man kurz an Kiahlschrank nei,
en Schluck, en Brocka, des haut's glei.

It weag's em Hongr odr Duscht.
Ma braucht hald ebbes fir da Gluscht,
ond braucht no gschwend a Messr,
dahoim, dau schmeckt's hald bessr.

Voar allem en dr Weihnachtszeit,
dau muaß ma luaga, was's allz geit.
Denn Loibla von dr Muattr,
des isch a Sealafuattr.

Wenn von de Kendr kois nix mecht,
ganz gwieß, des wär ihr garit recht.
Dau wär's ihr au it wohl drbei,
denn sie moit: So soll's doch sei.

Dr altschwäbisch Wortschatz

Land ui vrzehla, liabe Leit,
von Sacha, wo's heit nemma geit.
Von Wörtr, wo vrloara gand,
wo ma bloß kennt no auf'm Land.
Was mir no in Erinnrung blieba,
hau i jetz greimt ond zemagschrieba.

Jetz bassad auf ond losad na,
denn bei de Leit, dau fang mr a.
Dr Peter, auf schwäbisch,
na ja, dear hoißt Beatr,
ond wenn's richteg durnad,
haut's meischtens a Weattr.

A Maa, wo koi Geld haut,
des isch hald a Noatr,
ond oin, dear wo d'Fiaß it lupft,
hoißt ma en Schloatr.
A kloinr Baur, des isch a Pfripfler,
a recht a gnauer isch a Dipfler.

A jonga Frau, des isch a Fraule,
zom Kater sag mr Katzabaule.
Dr Habicht isch dr Hennavogl,
ond dr Hahn, des isch dr Goggl.
A Fohlen isch bei ons a Huisl
ond a Gejammer, hoißt ma Wuisl.

Zua ma Schtier, dau seit ma Heigl,
ond a Holzkeil isch a Schpeigl.
Zua ma Riapl seit mas au,
ond d'Aß beim Kartaschpiel isch d'Sau.
Dr Kopf, des isch dr Grend,
ond d'Pflauta, des send d'Händ.

En Kerl, wo koi Schneid haut,
dean hoißt ma en Scheisr.
Zua de Doara rausschneida,
dau braucht ma en Reißr.
D'Stirn isch bei de Schwauba 's Hiera,
d'Kartoffl, des send d'Bodabiera.

Dr Arm, des isch dr Ara,
wenn's warm isch, nau isch wara.
Zom Nebel sag mr Neabl,
ond d'Zündholz warad d'Schweabl.
Dr Rosenkranz, des isch dr Bautr,
ond a Blase isch a Blautr.

Weataga hoist bei ons dr Schmerz.
A Gaudi sag mr zua ma Scherz.
A Tüte isch a Gschtattl,
zur Grätsche sag' mr Graddl.
A Meise isch a Mois,
a Ziege isch a Goiß.

Wenn oinr recht gscheid isch,
des isch nau a wiefr.
Zua de Henna ond Enta,
dau sagad mir 's Ziefr.
A Sumpf isch a Pflottr,
a Dickmilch a Schlottr.

A Schöpflöffl isch au a Gatza,
de kloine Kendr, des send Fratza.
Gelegentlich hoißt mas au Bankr,
a Boanaschtang, des isch a Schlankr.
A altr Huat, des isch a Pflendr,
dr Wasamoischtr war dr Schendr.

Wenn ebbes it grad isch,
haut's meischtens en Buggl.
's kloi Mädle, wenns drialad,
nau seit ma, du Suggl.
Wenn ebbes it dicht isch,
haut's Klomsa ond Lucka.
Wenn'd alt weascht ond gschterreg,
nau happrad's mit'm Bucka.

Wenn oinr recht geizig isch,
hoißt's, dear isch kähl.
Isch auf dr Schtrauß rutschig,
nau seit ma, 's isch hehl.
Isch ebbes gwieß,
isch ohna Zweifl.
Wenn's schwierig isch,
nau g'heart's em Deifl.

Was isch a Boazagoiß?
Was isch a Schpaunr?
Kennsch Du a Lankwied,
a Luix ond en Launr?
Was isch dr hendre Doil beim Waga?
Was war a Wiesbaum, was a Schraga?
Was war a Schaf, was war a Metza?
Was war a Butta, was a Kretza?

Wuidle lauft dr Bua zom Mädle,
bei dr Arbad gaut'r schtätle.
So soll's scha friah'r g'wesa sei,
des bschtaut natiarlech koinr ei.
Dr Boir sait: Dear isch ganz sea schiach,
auf schwäbisch hoist's a wiaschtr Siach.
A mendrs Kloid, des isch a Hääs,
zom Kendrwaga sag mr Schees.

A Wies beim Haus hoist Angr,
dr Wagner isch dr Wangr.
I habs, des hoist bei ons, i hau's,
ond zua ra Gans, dau sag mr Gaus.
Wenn was kaputt isch, nau isch hie,
ond d'Großmuattr war friahr d'Nee.

D'r Schtädtl'r auf'm Baurahof!

A Schtädtl'r ziacht vol Eif'r
of'n Baurahof of's Land,
mit de tollschte Illusiona,
wia guat's dia Baura hand.

Er haut de guate Seita
bloß 's Angenehme g'seah'
ond au' bloß von d'r Weita,
doch nix vom Ach ond Weah.-

Die Kuh gibt auch am Sonntag
Milch, einen Eimer voll.
Er kann sich's gar nicht denken,
daß da was fehlen soll.

Und auch das liebe Hühnchen
legt jeden Tag sein Ei,
und wenn man es gut füttert,
dann legt's auch manchmal zwei.

Der Arbeiter dagegen
verdient am Sonntag nicht,
und gegen einen Bauern,
ist er ein armer Wicht.-

Denn von der viela Arbad
ond von deam ganza G'frett,
was dau allz drom ond dra' isch,
haut er koi Ahnong g'het.

Er haut's nau bald erfahra,
ond 's fehlt it am Beweis,
denn wenn's em Es'l z'wohl isch,
sait ma', gaut er of's Eis.

Ond scho nauch zweu, drei Jährla
sait er ganz eareschthaft: -
Da ist man ja beschissen
mit so 'ner Landwirtschaft.

D' Museumsfahrt

Heit fahr mr mit dr Schtaudabah,
wer haut, der haut, wer ka, der ka,
per Sonderzug en Schwarzwald nei.
A Moiadag ond Sonnaschei.
A wondrscheanr Sonntegmorga,
dahoimglau hamr onsre Sorga.

In Zollhaus-Blumberg mach mr halt,
jetz hamr Hongr, jong ond alt.
Dau lamr onsre Wäga schtau
ond jedr ka zom Essa gau
ens Wirtshaus odr ens Hotel,
es isch allz greglad, drom gauts schnell.

Of zwoi setzt ma da Treffpunkt a,
dau schteigt ma en d' Museumsbah.
A ganzr Zug voll Schtaudianr
ond a baar luschtige Eisebahnr.
Des isch a Fahrt mit dausad Wondr,
glei's Grusla kommt oim dau mitondr.

46

Dau weats zmaul nacht ond nau mea hell,
bis d' mörksch, des war jetz a Tunnel.
Nau gauts mea ibr Viadukte,
Eisegschtöllr ganz vrruckte,
ganz an dr Grenz zom Schwizerland,
i ka ui saga, intressant.

Om sechsa tritt ma wias em Pla'
von Zollhaus-Blumberg d' Rückfahrt a,
ordnungsgemäß gaut allz sein Gang,
mit Schtimmung, Musik und Gesang
a baar Gedichtla zwischanei
it ohna Witz, so solls doch sei.

Doch z' Ulm dau kommt dr Knalleffekt,
ond d' Kataschtrofe isch perfekt.
Dau miaßad zwea, fascht it zom glauba,
weil se nix ghet hand mea zom schtauba,
ausschteiga ond so Schtengl hola,
daß se hand kenna weitrnolla.

Dr Zugfiahrer, der hauts no gseit,
mir hand bloß drei Minuta Zeit.
Dr Zug der föhrt mea weitr ond
sie send noit dau, dia nette Hond.
Ond d' Schtimmong, dia war ganz vrdorba,
oi Frau, dia wär ons beinah gschtorba,
dia wär ons beinah zemagsackt,
haut gmoit sie kriagt en Herzinfakt.

47

Per Telefon haut se des nau
in aller Eile regla lau.
Dr Dortmund-Istambul Express,
der haut nau doch, trotz allem Schtress,
ganz unvrsehrt, des war des Schöne,
mitbraucht dia vrlorne Söhne.

Doch anscheinend wars deane zweu
sogar no pudlwohl drbei,
denn wia ma nauche haut vrnomma,
warn dia of dean Gedanka komma,
ob se it sollad z' Gessertshausa
im Intercity weitrbrausa
mit Vrgnüga ond Genuß
pfeilgrad Richtung Bosporus.

Bloß der vielgeschmähte Hauch
von Paprika ond Knobelauch
und der Hang zu guter Sitte
hat sie bewahrt vor diesem Schritte.
So kam nach Panik, Angst und Wehen,
dann doch das große Wiedersehen.

D' Landkreisgrenz

D' Landkreisgrenz isch a Verhängnis,
sie isch fascht wia a Zau voar'm Gfängnis.
Ma weat nix enna romm ond nomm,
i fend des manchmaul oifach domm.
Ma heart nix mea, wenn oinr heirad,
odr wenn ma soscht was feirad.
Wenn war voma Bekannta d'Leicht,
hearsch nauch ma halba Jauhr vielleicht.

Friaher war dia Dier no offa,
dau haut ma auf'm Feld sich droffa.
Jetz muasch bloß fahra no ond hetza,
dau kommsch doch zua koim Wörtle schwätza.
Du hearsch nix mea wia Bulldoggkärra
ond Mordsdrümmer Maschina scherra.
Au koin Zug hearsch nemma pfeifa,
manchmaul föllt's schwer, des allz begreifa.

Was z'Graba duß bassiert ond z'Genna,
schtaut bei ons en dr Zeitong denna.
Von Lautrbach, dau heart ma d'Henna,
was soscht no los isch, weascht it enna.
De Jonge, dia send dau scha schlauer,
dau geits koi Grenz ond au koi Mauer.
Bloß sottad se langsamer fahra
ond it all, was'r geit, dr Karra.

49

A ubändegr Hond

A Bua, wo 's ganz Dörfle akehrt,
ölf Jauhr alt, mit'm Bulldogg scha föhrt,
dau sait ma, ond des haut sein Grond:
Des weat a ubändegr Hond.

Em wiaschta Siach sei Liab

Du machsch grad so en Eidruck,
als ob'd mie geara magsch.
Ja sieg i denn so wiascht aus?
daß Du des draua kasch.

Auf boyresch dät ma saga,
Du bisch ja ganz schea schiach.
I denk mir's hald auf schwäbisch,
Du bischt a wiaschtr Siach.

Oft mach i mir Gedanka,
wia's so em Leaba gaut.
Dau komm i nau ens Schwanka,
denn soscht bisch ja auf Draut.

Z'letscht wear De gar no miega,
voar d'no a andra kriascht,
wenn au de oine sagad,
fir Die isch dear viel z'wiascht.

I will ui ebbes saga
genau des, was i moi.
Wenn oinr gar so schea isch,
dear g'heart oim it alloi.

Begegnung

Zwua Nauchbeirina dreffad sich
am Sealadag gelegentlich,
em Friedhof denn, nauch viele Jauhr,
inzwischa hald mit graue Haur.
Em Altr zemlech vonanand,
lang isch scha, daß se gheirad hand.

De Jüngr sieht no ganz guat aus.
Sie putzt sich au a bissle raus.
Doch dr Öltra, wias so isch,
dear schtenkt des, daß dia scheanr isch.
Deanr leuchtad des glei gar it ei,
denn sie moit, des mießt it sei.

En scheana Mantl hausch dau fei,
dear weat it billeg gwesa sei?
Sie fraugad se, wia alt se sei
ond muschtrad se so neababei.

Ja achtafuchzga wear i huir;
Dau wär mir so a Mantl z'duir;
So moit de Alt nau: Du bisch guat,
ond au no so en scheana Huat.

De Andr fühlt sich leicht vrletzt,
wenn dia doch so en Schmarra schwätzt.
Wart, denkt se sich: Dir komm i scha,
dir wirf i au en Brocka na.

Ond wia's so gaut bei deam Dischgus,
send se hald nau voar'm Friedhof duß.
Wia alt bisch nau du inzwischa?
Des mecht de Jüngr au no wissa.

Viaradachzga wear i bald,
iatz bin i hald inzwischa alt.
Jawohl, moit nau de Oi:
Ond dau gausch du no hoi.

's Kräuterweible

So grias ui Gott, ihr liabe Leit,
zua ui kommt's Kräutrweible heit.
Hoffentlich sendr gsond ond montr,
odr fehlt's bei oim mitondr?
I hau fir jed'n Schmerz a Säftle,
ma muaß's bloß vrschtau des Gschäftle.

Wenn's em Maga fehlt, hilft d'Heilerde,
ganz guat isch au dr Kamillatee.
Hausch grad amaul a Allergie,
Brennesslatee isch gut fir Die.

En Zinnkrautee beim Hexaschuß,
d'Ichtiolsalb hilft beim Bluaterguß.
Bei Muschklschmerz hilft Retterschpitz,
dr Schnaps hilft gega's Purlefitz.

Gelenkschwellung, wenn no so arg,
dau g'hearad Omschläg g'macht mit Quark.
Bei Kreislaufschtörung hilft dr Sekt,
mit deam hau i scha viel bezweckt.

Bei Gelbsucht, dau fehlt's auf dr Leabr,
probier's amaul mit Schpitzaweabr.
Hausch amaul Darmkatharr, o weh,
dau hilft au dr Kamillatee.

Beim Fuaßpilz brauchsch koin Tee it saufa,
dau hilft am beschta 's Barfuaßlaufa.
A Wohlschtandsbäuchle, hausch ja au,
dua manchmaul wandra mit dr Frau.
Brauchsch it all glei zom Doktor gau
weil i fir allz a Kräutle hau.

Dr Ehekrach

Em Kemekehr sei liaba Frau
macht ab ond zua en Mordsradau.
Sie macht en echta Zwergaufschtand
weags deam verruaßta, wiaschta Gwand.

Des isch fir sie a echta Buaß,
weil sie des so oft wäscha muaß.
Weags ihrem Maa seim Arbadsgwand
's ganz Jauhr dean Dreck, 's isch allrhand.

Oft gaut's scha glei am Morga a'
scha voar ear gaut, dear arme Maa.
Jed's Wochaend dean Krach em Haus,
des hölt auf d'Dauer koinr aus.

Dau lupft's eam hald amaul da Huat,
ear wirft's ihr na mit voller Wuat.
Ear ka's it ändra, mit deam Gwand,
's isch sei Beruf, es isch sei Schtand.

Des ka oim doch amaul vrtloida,
gang na wo d'willscht, laß die doch schoida.
Gang doch zua ma Konditr na,
dau kasch aschlecka nau 's Gwand vom Maa.

Dr Ruheschtand!

Dr Ruheschtand, des isch dear Schtand,
wo d'Leit normal scha d'Rente hand.
Wo se Zeit hand zom Schpazieragau
ond Gott en guata Maa sei lau.

So isch dr Brauch in Schtadt ond Land,
doch ondr viel, geit's allrhand.
Oine, wo ibr's Ziel naus schiaßad
ond mit achzg Jauhr no schaffa miaßad.

Wo allwei moinad, 's roicht no it,
sie kriagad egschtra ebbes mit.
Wo geiza miaßad no ond schpara,
bis 's amaul nagaut nau an Pfauhl.
Doch, ma isch bei koim no zwoimaul gfahra,
a föhrt bei jedem bloß amaul.

's Rentnerleaba

Jetz bin i fei em Ruheschtand,
daß dr des wissad all mitnand.
Zom doa gäb's zeitaweis grad gnua,
mir fehlt bloß manchmaul d'Freid drzua.

Dau isch it wia bei de Maschina,
an's Nixdoa ka ma sich fei gwöhna.
I hau mie sell drbei ertappt,
daß des allmählich ganz guat klappt.

Des haut scha a krassa Form agnomma,
es muaß a Amtsperso zom Wecka komma.
Ond en de ganz verzwickte Fäll,
dau macht's dr Burgamoischtr sell.

Doch mit deam Dolcefarni'ente
weasch mit dr Zeit a lahma Ente.
Zletscht willsch bloß no auf's Bänkle sitza,
koi Schpur vom Arbada ond Schwitza.

Dau denksch, des kasch ama Reagadag.
Schad, daß i dau nau au it mag.
Dear Dag isch sowiaso verpfuscht,
drom hau i dau glei garkoi Luscht.

Jetz hätt i bald a bissle gloga,
denn 's Gschtöll isch au scha ganz vrboga.
Des sei zuar Eahrarettong g'sait,
warom mie d'Arbad nemma freit.

's Altburgamoischtrtreffa

Zum Treffen der Altbürgermeister des Land-
kreises im großen Sitzungssaal des Landrats-
amts Augsburg am 4.1.85.

I derf ui alle begriaßa heit
ond fend's recht nett, ihr liabe Leit,
daß dr ui amaul mea dreffa wend.
Ihr alle, wia dr komma send,
von nah und fern, bekannt ond fremd,
mit uire gscheide Burgamoischtrgrend.

Ond i halt's au fir guat ond recht,
daß ma amaul dischkutiera mecht,
wia's friaher war, wia's heit gmacht weart,
was guat war odr was verkeahrt.

Fir oine isch, denk i, a seltsams Gfühl,
a ganz a andrer Lebensschtil,
wenn se nemma send en dr Gmoid dr Boß,
abr sie send au dia Sorga los.

Denn, als Burgamoischtr heit,
dau braucht ma ja scha en Jurischt.
Mie wondrad's bloß, daß's en dr alta Zeit
mit de Ugschtudierte au ganga ischt.

Doch dia friahre Burgamoischtr,
des warad fei oft helle Goischtr.
Dia hand's it so bürokratisch gnomma,
ond so duir send se au it komma.

Des macht jetz dia Gebietsreform,
des isch ja a Fortschritt, ganz enorm.
Au d'Horgauer send jetz mea zfrieda,
dia kennad ihr Glick jetz selbr schmieda.

Daß des it allz guat war,
dau schpricht dr Beweis.
Dear wo's plant haut, isch ganga
ond d'Leit hand da Sch... Schada.

Abr 's weat scha vollds gau,
's isch ja noit allz vrloara.
Dr Kohl weat's scha schaukla,
bloß it heit ond it moara.

I sell gib's noit auf,
denn jetz geit's ja de Greane.
Wenn mie de oine recht örgrad,
nau gang i zua deane.

Bei de Roate war i au scha,
haut's dau no a Gfauhr?
Em Sowjetparadies
ibr sechsahalb Jauhr.

Von deane hau i gnua,
des Zuig isch mir z'domm,
denn dau schloif i 's Adenka
heit no mit romm.

Jetz Schluß mit'm Schempfa,
des isch ja so gwöhnlich.
Jetz wechslad mir's Thema,
jetz wear mr persönlich.

Da Kaisr Friedrich, vom Lechfeld,
dean hand se eascht vrziert.
Jetz haut ma all Angscht,
daß'r amaul 's Gleichgwicht vrliert.

Dromm soll mam hald bald,
weage deane Bedenka,
auf de oi Seita au no,
en Orda nahenka.

Ond jetz kommt dr Landrat dra,
dean muaß i loba,
wenn ear au all d'Leit,
so betrachtad von oba.

Des isch ja it Hoachmuat,
von sowas koi Schpur.
Wia soll'r 's denn macha,
bei seinr Figur.

Bei ons, en de Schtauda,
duat man bsondrs vreahra,
ond grad weil'r schwäbisch schwätzt,
mag man so geara.

Jetz wensch i ui no recht viel Schpaß
ond i will hald hoffa,daß's
a Erlebnis isch, fir allesamt,
des Burgamoischtrtreffa, em Landratsamt.

Ganz hie

Ja isch des scha mea Morga, Maa?
Schlag doch deam Weckr oina ra.
Dia Nacht isch allwei so schnell romm,
ach, no a Viartlschtendle, komm.

Heit machsch scha no a rechta Zanne,
des muaß dr fei scha saga, Hanne.
Isch dr's it wohl? Hausch it guat g'schlaufa?
Bei mir dätsch saga, 's kommt vom Saufa.

I bie ganz dremsleg no, ganz hie.
Dear nechteg Dag war z'schtreng.
Dr Mensch isch schliaslech koi Maschi,
's war oifach z'viel a weng.

Des Gschtöll will heit no garit gau,
i ka dr's garit saga.
Wenn i nau no en Örgr hau,
nau kriag i's z'letscht em Maga.

Ja i bie au ganz gschterr no fei,
's Kreiz ond dr Fuaß duat weah.
I komm schier it en d'Schtiefl nei,
i glaub, mir kriagad Schnea.

Dia Arbad schmeckt no it recht heit,
mei Gott, isch des a Gfrett.
Am liabschta ging i, liabe Leit,
glei am Morga mea ens Bett.

Anregungen für 's Leben

Freu Dich mit den Glücklichen,
tröste gern die Traurigen,
trage andern bei zum Glück,
es kommt einmal auf Dich zurück.

Es ist der Mensch von seinem Schöpfer,
mit Geistesgaben reich bedacht,
daß er, wie aus dem Ton der Töpfer,
aus seinem Leben etwas macht.

Schätze in der Erde stecken,
wenn Du gräbst, dann sind sie Dein.
Um die Heimat zu entdecken,
mußt Du fort gewesen sein.

Hast Du auch in Deinem Leben
ab und zu was falsch gemacht.
Aus den Fehlern soll man lernen,
denke, handle und gib acht.

Gehässigkeit, ein schlimmes Laster,
das aus allen Poren quellt,
wenn man auf dem eig'nen Pflaster,
rutscht und auf die Nase fällt.

✳

Wie kurz, ist doch ein Menschenleben,
gemessen an dem Lauf der Zeit,
drum gönn Dir Freud' trotz allem Streben,
denn von selber kommt das Leid.

✳

Es flieht der Tag, die Stunde
im Schmerz, wie auch im Glück.
Die Zeit heilt jede Wunde,
die Narbe bleibt zurück.

✳

Wer das Lied des Mächtigen singt,
bekommt Beifall, auch wenn es nicht schön klingt.

✳

Tief neigt sich die volle Ähre,
in die Höhe ragt die Leere.

Sonne über Frankreich

Man schrieb das Jahr 1942.

Wir waren zu zweit als Wachpersonal mit einem Bahntransport von 23 Kesselwagen voll Flugbenzin, auf dem Weg von Antwerpen kommend, in Richtung Reims. Ein wunderschöner Septembermorgen war es, und die Sonne schien auf die taufrischen Äpfel, welche uns von einer riesigen Obstplantage aus durch die offene Tür unseres Bremshäuschen, das uns als Wachstube zur Verfügung stand, zulachten.

Schon eine ganze Weile standen wir vor einem großen Güterbahnhof und hatten keine Einfahrt. Das konnte leicht noch eine Viertelstunde dauern, und die schönen Äpfel hatten einen richtigen Appetit in uns geweckt. So wagten wir nun den Sprung über den Graben und stiegen die kleine Böschung hoch zur Plantage, von wo wir freie Sicht auf das Signal im Bahnhof hatten, das wir ja im Blickfeld behalten mußten, damit uns der Zug nicht abdampfte. Auf dem Boden lagen soviel frischgefallene Äpfel, daß es uns gar nicht in den Sinn kam, welche von den niedrigen Bäumen zu pflücken. Als wir gerade so schön dabei waren, unsere Hosen- und Rocktaschen zu füllen, stand plötzlich der Besitzer der Plantage vor uns, wie wenn er vom Himmel gefallen wäre. Daß wir ein wenig erschrokken waren, versteht sich von selbst. Doch an der freundlichen Miene des Franzosen konnten wir gleich ablesen, daß er uns nicht übel gesonnen war. Seine Worte verstanden wir nicht, aber was er meinte wohl, als er dann die schönsten Äpfel von den Bäumen pflückte und uns davon gab, soviel wir nur einstecken konnten. Die Falläpfel, so deutete er uns an, sollten wir wieder wegwerfen. Anscheinend war auch er beeindruckt von unserm bescheidenen Verhalten. Wir hatten dann gerade noch Zeit, uns zu bedanken und höflich zu verabschieden, dann zeigte das Signal Einfahrt.

Leider verliefen nicht alle Begegnungen zwischen Besatzern und der einheimischen Bevölkerung in dieser Atmosphäre.

Die Sonnenuhr

Auf Gottes Welt, die ält'ste Uhr,
das ist die Sonnenuhr.
Mit der Natur verbunden,
zeigt sie nur heit're Stunden.

Sie geht nicht vor, bleibt nicht zurück,
irrt nicht auch nur ein kleines Stück.
Geschaffen einst von Meisterhand,
sein Name ist uns unbekannt.

Daß sie nur schöne Stunden zählt,
das find' ich nicht vermessen,
denn das Schlechte auf der Welt,
das soll der Mensch vergessen.

Wia's dr Vatr will!

In der sogenannten „Guten alten Zeit" der Dreißiger Jahre, geschah es, wo jedes g'scheide Dorf noch seine eigene Schule, einen Herrn Lehrer und ein Fräulein Lehrerin hatte.

Da macht einmal, an einem schönen Oktobernachmittag, der Herr Oberlehrer eines kleinen mittelschwäbischen Dörfleins an der Seite seiner besseren Hälfte einen Spaziergang um den Ort. Dabei streift er auch den im selben Jahr besonders reich gesegneten Obstgarten eines etwas abseits gelegenen Bauernhofes. Da sitzen die zwei ihm wohlbekannten Sprößlinge des Hofbesitzers im üppigen Geäste eines hochgewachsenen Apfelbaumes und pflücken emsig die schönen, appetitlichen Früchte. Sie pflücken sie und werfen sie, wie sie kommen, auf den trockenen, frisch gemähten Grasboden des Gartens, um sie nachher einzusammeln. Nachdem der Lehrer, von den beiden Buben unbemerkt, das amüsante Schauspiel, bei dem sie sich auch noch über die Schule und das Lehrpersonal auslassen, eine ganze Weile genossen hat, spricht er sie an und meint: „Ja Buaba, wenn dr dia Äpfl scha auf da Boda rawerfad, warom schittladr's nau it glei ra? Des wär doch viel oifachr!" „Na, na, dr Vatr haut g'seit: Mir sollads brocka, daß mas au aufheba ka, daß se längr haltad", war die Antwort der beiden Knirpse aus der Baumkrone.

's Geheimnis!

Auf einem großen Bauernhof im schönen Schwabenländle war ein neuer Schäfer eingestellt worden. Ein, für diesen Beruf verhältnismäßig junger Mann, dem aber trotzdem sehr viel Können und vor allem größte Sorgfalt bei der Obhut und Pflege der ihm anvertrauten Tiere nachgesagt wurde. Infolgedessen war er auch entsprechend geschätzt, auf dem Hof und im ganzen Dorf.

Es war in der Zeit zwischen dem ersten und zweiten Weltkrieg. Wie es nun damals zum täglichen Ablauf auf dem Hof gehörte, kam der Schäfer, der inzwischen mit seiner Herde ins Winterquartier gezogen war, kurz vor elf Uhr zum Brotzeitmachen in die Küche, wo die Bäuerin zu der Zeit emsig am Kochen war. Ob er nun wollte oder nicht, bekam er einen ziemlich genauen Einblick in die Vorgänge bei den jeweiligen Gerichten, die auf den Mittagstisch kamen. Jedenfalls bei den Semmel- und Kartoffelknödeln, auf deren schöne, runde Form die Bäuerin besonders bedacht und nicht minder stolz war, und die ihre optische Wirkung sonst nie verfehlten, hatte sie sich eine höchst unappetitliche Gewohnheit angeeignet. Sie spuckte bei jedem Knödel, den sie formte, in die Hände, was dem Schäfer, trotz ihres breiten Rückens, nicht entging. Aufgefallen war ihm auch, daß der Bauer an diesem Tag nicht zum Mittagessen erschienen war, bei dem der Schäfer verständlicherweise nur einen Knödel hinunterwürgte.

Als sich nach einigen Wochen das gleiche Schauspiel in

der Küche wiederholt hatte, ging unser guter Hirte still-
schweigend in die Dorfgaststätte zum Mittagessen, wo
er zu seiner Überraschung auch den Bauern sitzen sah,
der dort ebenfalls gerade gespeist hatte. Wie die beiden
einander anschauten, wäre wohl des Hinsehens wert ge-
wesen. Allenfalls wußte auf Anhieb jeder vom andern
den Grund seiner Anwesenheit, und der Bauer war auch
gleich schlau genug, um den richtigen Ausweg aus seiner
peinlichen Lage zu finden. Er bezahlte seinem Schäfer
prompt die Zeche und noch eine frische Maß hinterher,
wobei er ihm mit einem wohlwollenden Augenzwinkern
halblaut ins Ohr sagte: „Mir zwea wissad's, ond koin
andra gaut's nix a."

Der Glaube macht's

Auf einem kleinen Anwesen im Schwabenländle ging's, nach Meinung der Bäuerin, im Stall nicht mehr ganz mit rechten Dingen zu. Es passierten Sachen, die sie sich einfach nicht erklären konnte. Nun sah sie auch noch zufällig abends nach der Maiandacht, als die allermeisten Kirchgänger den Friedhof schon verlassen hatten, wie der Mesner, der sie anscheinend nicht bemerkt hatte, mit dem Wasser, das zum Gießen der Gräber bestimmt war, das Weihwasser nachfüllte, also es sozusagen kräftig verdünnte. Das war für unsere Bäuerin natürlich der Gipfel. Ein Vertrauensbruch im wahrsten Sinne des Wortes. Kein Wunder, daß es bis Dato nicht geholfen hatte. Ohne viel zu sagen, machte sie sich auf den Heimweg. Ihren Entschluß hatte sie ja schon gefaßt. Am folgenden Tag schickte sie ihren Jüngsten nach dem Schulunterricht mit einer Literflasche ins Nachbardorf zur dortigen Kirche, um von da Weihwasser zu holen. Auf halbem Weg zu selbigem Dorf plätscherte eilig ein klares Bächlein durch Wald und Wiese. Da füllte unser Hansl seine Flasche, setzte sich noch ein Viertelstündlein ans Ufer, daß er nicht zu früh nach Hause kam, und schwang sich dann vergnügt auf seinen Drahtesel in Richtung Heimat.

Der liebe Gott aber nahm anscheinend dem Hansl seinen Lausbubenstreich nicht einmal übel. Für Ihn war der Glaube der Bäuerin ausschlaggebend, den Er dann auch spontan belohnte. Das Glück kehrte jedenfalls wieder ein auf dem Hof.

De duir Medizin

D'Agad, a fir ihre fenfasiebzg Jauhr no recht rüschtega, ehemaliga Beire aus ma kloina Weilr em Mittlschwäbscha, macht no jeda Wuch a baarmaul, ausr em Sonnteg, wo se bei de Jonge mitfahra ka, z'Fuaß da Weag ens zwoi km entfernte Pfarrdorf zur Mess.

Dau drifft se meischtens d'Hanne, ihra langjähriga Freindin vom sella Dorf. Von dear weat se nau gwöhnlich eiglada zua ma Tässle Kaffee, weil se ja auf'm Hoimweag sowiaso bei ihr voarbeikommt. Des isch bei jedem von deane zwoi Weibla so dr oizeg ausrfamiliäre Kontakt, wo no laufend aufrecht erhalta weat, wenn ma dia drei odr viermaul em Jauhr, wo ma mit'm Bus of Maria Veschprbild Wallfahrta föhrt, it mitrechnad. - Schliaßlech muaß ma ja en deam Altr fir d'Seal au ab ond zua ebbes bsondrs doa ond weil ma ja soscht so nia nauskommt aus'm Dorf.

So sitzt nau d'Agad au amaul mea en halba Voarmittag bei dr Hanne em Schtüble denna, beim üblicha Hoigarta, ond grad wichteg hand ses, dia zwua mitanandr. Allz was se de ganz Wuch so a'gsammlad haut an Neuigkeita, kommt auf da Diesch ond natürlich au des, wenns irgendwo druckt odr zwickt. -

Am nägschta Morga beim Kaffee seit d'Schwiegrtochtr von dr Agad zua ihrem Maa: „Wo isch denn d'Oma heit so lang? Dia haut sie heit no garit blicka lau. En dr Kirch war se au it. I glaub, i gugg amaul nomm zua ihr ens Schtüble, ob ihr ebbes fehlt odr was los isch." De Jong haut grad ausgschwätzt, nau gaut au scha d'Dier auf, ond d'Oma kommt agwagglad. Käsweiß, vrbudlad, ond a bissle vrschtört gugga duat se au.

„Oma, heit handr abr lang gschlaufa", moit nau d'Schwiegrtochtr. „Gschlaufa, Du bisch ja guat. Hondsschlecht isch mr's. Siegsch it, wia i drhear komm? Dreimaul war i scha auf'm Kloo heit. Seit am Morga om halb viara reißt mie's omanandr, wia wenn i da greaschta Rausch hätt. Allz lauft oms Rädle." „Ja handr ebbes urechts gessa odr dronka odr ebbes eignomma, was it basst haut?", föllt nau dr Soh' ei. „Noi, garnix, bloß von deane Dropfa, wo mir d'Hanne necht mitgea haut, hau i

76

a klois Schlückle gnomma, abr a ganz klois bloß. Des weat mr doch nix doa, odr send's vielleicht doch dia Dropfa, was it basst haut? Des isch abr a ganz a duira Medizin, vom Baschtl no, von dr Hanne ihrem vrschtorbana Maa. Bei deam hab se allawei glei g'holfa. Jawohl, vom Baschtl no. Dear isch doch scha voar zwoiahalb Jauhr g'schtorba." „Abr Ihr warad doch it krank, daß Dr hättad ebbes einemma miaßa." „Des it grad, abr a weng so matsch ond so miad war i hald all. Nau hau i denkt, jetz nemm i amaul so Dropfa, vielleicht weats bessr nau." „Wia, land's amaul seacha, des alte Säftle, wo Dr dau eignomma hand, nau gugg mr amaul, was draufgschrieba schtaut", moit nau de Jong. „Des kasch scha agugga, auf'm Nachtkäschtle schtaut's dett. Hol's na selbr. I fall ja so all om ond domm." „Also Oma, jetz losad, i lies nas voar, was drauf schtaut auf'm Schächtale.

Hochwirksames Mittel gegen Darmträgheit und Verstopfung. Nicht anwendbar bei Kindern und Personen über 65 Jahre. Täglich 2 mal vier Tropfen, mit Wasser verdünnt einnehmen. - Verschreibungspflichtig!"

Dr Hebamm Jakl

So nette Siacha geits doch ibral. Mit deanr odr enra
ähnlicha Rednsart weat bei ons em Schwäbischa so a
Fall komentiert, wia der, wo ema kloina Dörfle en de
Schtauda friahr amaul bassiert isch.

Er war scha a bsondrer Heilegr, dr Hebamm-Jakl, wia
man ghoißa haut, weil hald sei Muattr a Hebamm war,
mit deanr wo er zema so a klois Sächle schlecht ond
recht bewirtschaftad haut. Da Dreißgr hautr scha lang
aufm Buggl ghet ond war somit nemma grad dr Jengscht.
Sei Muattr isch hald au so langsam a alts Weible woara
ond dear Arbad, wau so 's ganz Jauhr of se zuakomma
isch, nemma recht nauchkomma. Des war nämlech em
Jakl sei Problem. Soscht hättr ja gar koi Weib it braucht.
Abr eaba des grad erwähnte Problem seinr Zukunft hautn

zom Ibrlega drieba, obr it doch amaul des Wagnis eigau soll ond si om a Weisbild gugga, wo des Gschäft en d'Hand nemma dät.

Wia des hald aufm Land so isch, wo jedr jedn kennt em ganza Däle, haut au allz gwißt, wias mitm Jakl schtaut. So hauts hald ab ond zua amaul oinr probiert, obr it a bißle nauchhelfa kennt ond eam oina zuakubbla. A guatr Kerle war er ja. Au 's Sächle war em groaßa ganza it ohne beianand, also haut ma en deanr Hiesicht koi schlechte Nauchred it ferchta braucha, wo ja 's Kubbla it grad en jedem Fall a dankbars Gschäft isch.

So war nau hald amaul ebbes em Gang mit ra Heiradarei beim Jakl, ond es war oina dau, dia hauts Haus onds Zuig aguggad. Es soll a ganz netts Weisbild gwesa sei. Dia ganz Gschicht sei angeblich beidrseits em beschta Eivrnehma vrlaufa, ond des sell Mädle hab au wirklech en Earescht ghet zom Naheirada.

Es häb ja zur sella Zeit zemlech viel so Mädla gea, wau ganz geara of so a netts Hoimadle nagheirad hättad, daß se hald au vrsorgad gwesa wärad. Daumauls war a Baurasach no begehrt, wenns au it groaß war. Des war en dr Regl doch no's bessre Los, als wia dahoim aufm eltrlicha Hof spätr amaul beim Bruadr odr bei dr Schweschtr d Mad macha ond als alta Dantl 's fenft Rad am Waga spiela.

Seis gwest wias wöll. Wia se nau förteg war mit deam Zuig agugga, ond sie war recht zfrieda mit deam, was se dau so allz gseacha haut, en dr Hoffnong, daß 's nau volldsch Earescht weat mit der Sach, hätt se sich hald, wia ses so gheart, bei ihrem vrmeintlicha zukünftiga Hoachzeitr verabschieda wölla. Abr onserm Jakl wars dau scha nemma ganz wohl en dr Haut. Wia eam des Mädle zom Abschied d'Hand nagstreckt haut, hautr se denkt, jetz weats gfährlech, jetz kommt des all näher auf me zua mit deam fremda Weisbild em Haus.

Wennd jetz it glei mea hendrsche ziachsch, nau hausch da Grend denn en dr Schlinge. Ond dr nett Siach sait doch pfeilgrad: „Noi noi, so schnell gauts it, so guat kennad mir anand no it, daß mir ons scha d'Hand gend.

Wias deam Mädle en deam Moment z' Muat war, des ka se wohl jedr normale Sterbliche ganz guat voarschtölla. Komma ische jednfalls nemma, ond von koinr andra haut ma au nix mea gseacha. Au dr Hebamm-Jakl war anscheinend froah, daßr nomaul so drvokomma isch. Ma woißt hald doch it, was ma se eiduat, wenn ma so a fremda Perso ens Haus nemmt. Er hauts nemma drauf akomma lau.

A baar Jährla hautr no mit seinr Muattr furtgmacht, ond wia dia nau 's Zeitliche gseagnat haut, isch ausm Hebamm-Jakl a ganz zfriedanr Kloaschtrbruadr und a vorbildlicher Krankepfleger woara.

Des weat au 's Beschte gwesa sei fir ean. Ma saits it omasoscht: Mit dr Zeit weat allz no recht.

Om de oige Haut!

Dr Seppl, a erfahraner Baur mittleren Alters ond Vieh-
händler no drzua, zottlad mit seim alta 15 PS Dieslroß
em easchta Gang ond Schtandgas durs Dorf mit ra Kuah
henda det. Ear isch en deane Sacha gwieß koi huiregr
Haas mea ond em Omgang mit de Rendviechr von Ju-
gend auf vertraut. Abr weil ear hald fascht dur's ganze
Dorf dur muaß ond drzua no a ganz scheas Schtuck
d'Hauptschtrauß entlang, bei deam Sauverkehr, bis zua
deam Hof, wo dr oizeg G'nossenschaftsschtier em Dorf
sei Domizil haut, ischr da sichra Weag ganga ond haut
des Hoaraviech an da Bulldogg nabonda, wia dr sell Baur
sei Goisböckle auf dr Schwäb'scha Eisebah.
Auf oimaul, aufm halba Weag, hölt neabr eahm a riesegr
Schtraußakreizr, ond a feigschniegladr Brillamops dreibt
sei Autoscheib na ond quatscht'n a: „He sie juter Mann!
Wiss'n sie och, wat sie hier mach'n? Dat is Tierquälerei.
Bind'n sie mal sofort det arme Tier hier los, sonst schreib
ich ihre Kennzeichennummer auf und mache eine Anzeige."
Des war jetz onsrm Seppl doch a bissle z'viel, wenn eahn

au soscht it glei ebbes aus dr Ruah brengt. Ear muaß z'eascht amaul Luft hola. Nau guggadr'n a. Abr wia nau dear Pinkl no seit: „Na, mach'n sie schon.", nau lupft's beim Seppl da Deckl. Ear nemmt sei Briegale vom Seitasitz ond schteigt ra von seim Schtahlroß in Richtung Autofenschtr ond legt los: „Ja du Heini, du gscheartr, was bildsch dr denn du ei? Wennd it glei dei Gosch höltsch ond vrschwendsch auf'm schnellschta Weag, nau hau dr des Briegale nauf auf dein bleda Grend, daß dr's acht Däg lang vom Deifl draumt. Nau hausch weanegschtens en Grond zom Azoiga, du Hond du misrablr. Kennsch de aus jetz?"

Ond wia eahm nau dr Seppl au no wenkt mit seim Briegale, bei seinr vielsagenda Miene isch de moralisch Wirkung kolossal. Sei Autoscheib dreibtr garnemma nauf, dr Pinkl. Ear macht bloß no, daß'r da Gang nei brengt ond zischt ab.

Jetz war eam hald doch au de oige Haut wichtegr als wia dia von dr Kuah, wias beim Seppl au dr Fall war.

Der neue Besen

In Tiefensteinbach, einem Dorf im schönen Schwabenland, weht ein ganz frischer Wind. Die alten Zöpfe wurden seit der letzten Kommunalwahl alle abgeschnitten. Ein neuer Bürgermeister wurde gewählt, und über die Hälfte der jahrelang dominierenden Ortsgewaltigen sind nicht mehr im Gemeinderat vertreten. Der „Neue Besen" hat schon ganz gut gekehrt. Man merkt's an allen Ecken und Enden im und ums Dorf. Ein Siedlungsgebiet wurde ausgewiesen, und wo vorher nur einige abseits gelegene Bauernhöfe standen, ist ein ganzer Ortsteil aus dem Boden geschossen. Bei den Zugezogenen sind alle politischen Richtungen und Bevölkerungsschichten vertreten. Die örtlichen Vereine haben einen bisher nie gekannten Aufschwung erfahren. Vor allem der Schützenverein, welcher heute seinen Faschingsball abhält. Der Saal der Dorfgaststätte ist gefüllt bis auf den letzten Platz, und auf der Straße ist es schon ziemlich ruhig geworden. Nur auf dem Rohrmüllerhof brennen alle Lichter in Haus und Stall, und man hört, in kurzen Abständen folgend, das Brüllen einer Kuh. Die Rohrmüllerin, ihr Sohn und sein Freund sind am Ende ihrer Künste und Kräfte angelangt. Man wartet auf Verstärkung aus der Nachbarschaft.
Jetzt fährt ein Auto in den Hof. Nun kommt wohl die ersehnte Hilfe. Doch beim Öffnen der Stalltür sieht die

Rohrmüllerin zwei Polizisten in Uniform vor sich stehen. - „Was geht hier vor? Hier werden Tiere gequält! Wir wurden diesbezüglich verständigt", sagt einer der beiden Beamten in nicht gerade schmeichelhaftem Ton.

„A was it gar", meint die Rohrmüllerin. „Seachadr des it, was dau los isch? Ihr kommad eis ja grad recht. Nau kennad ja glei ihr helfa ziacha."

Die Polizisten schauen einander an und an ihren schönen Uniformen hinunter. Doch die Rohrmüllerin hat im Handumdrehen ein paar Schürzen und Arbeitsblusen herbeigeholt, die sie ihnen zureicht.

Was bleibt den beiden Herren noch anderes übrig, als schnell den Uniformrock mit dem Arbeitsgewand zu vertauschen und zu helfen?

Fünf Minuten später liegt ein neugeborenes munteres Kälbchen im Stroh. - Nach einem Schnäpschen, ein paar Worten des Dankes und um eine Erfahrung reicher fahren die beiden Ordnungshüter wieder weiter.

Der letzte Gast

Im Hotelgasthof eines größeren Dorfes im bayerisch-schwäbischen Grenzland, dem sogenannten Lechrain, herrscht Hochbetrieb. Es ist Samstagabend und Vorabend eines großen Festtags. Die Schlafzimmer für die übernachtenden Hotelgäste sind ausgebucht, bis auf ein kleines Zimmer am Ende des langen Flurs, aber auch mit zwei Betten. Da kommt auch noch, ziemlich spät, ein unangemeldeter Gast, ein graumelierter, älterer Herr im zu seinem Haar passenden dunklen Anzug, in Begleitung eines etwa zwölfjährigen Buben, zur Übernachtung. Sie hätten schon gern zwei Zimmer genommen, aber da nun einmal nur noch eines zur Verfügung steht, begnügen sich die beiden mit einem. Die Wirtin meint: Der Junge könne doch wohl mit seinem Papa im selben Zimmer schlafen, worauf die beiden mit einem verschmitzten Lächeln reagieren und nicken.

Am nächsten Morgen, dem Tag des hohen Festes also, in aller Herrgottsfrühe klopft es ziemlich laut an der Schlafzimmertür der zwei späten Gäste, und gleich darauf geht auch schon die Tür auf, und die Wirtin ruft herein, in einem Ton, der jede Widerrede von vorn herein ausschließt: „Wollen die beiden Herrn das Frühstück vor oder nach dem Gottesdienst? Während des Hauptgottesdienstes wird kein Frühstück ausgegeben. Bei uns ist es Brauch, daß man sonntags in die Kirch geht". „Ja, jawohl, nach dem Hochamt dann", lautet die Antwort der beiden Gäste: Und weg ist sie, die Wirtin.

In die Kirche kommt sie dann, wegen ihres überfüllten Programms, etwas zu spät und findet gerade noch ein Plätzchen ziemlich weit vorne, ganz oben in einer Bank. Sie ist das schon so gewöhnt und hat auch nichts dagegen, wenn sie nur nicht stehen muß. Stehen und laufen kann sie den ganzen Tag genug. Die Sicht nach vorn zum Altar ist da jedenfalls die Beste, und wenn die Kirch dann aus ist, kommt man am schnellsten wieder davon. Es pressiert doch immer. Ein Pater aus St. Ottilien soll ja heut da sein zur Verstärkung, nicht schlecht, mal was anderes.

Aber wie sich der fremde Geistliche dann am Altar das erstemal umdreht, traut unsere flotte Wirtin ihren Augen nicht, und wie er dann noch die Festpredigt hält, gibt es keinen Zweifel mehr. Er ist ihr später Hotelgast, den sie am Morgen so unsanft geweckt hat, und als zusätzliche Bestätigung dafür, der fremde Ministrant ist der Bub, der bei ihm war. Eine schöne Bescherung.

Mit der Andacht war's natürlich aus bei unserer temperamentvollen Wirtin. Sie denkt jetzt nach, wie sie sich entschuldigen kann, wenn Herr Hochwürden dann zu ihr ins Hotel zum Frühstück kommt.

Der Hagenbichler und sein Herrgöttle

Da kommt an einem unfreundlichen Spätherbsttag ein naßgeregnetes Bäuerlein mit Bulldogg und Wagen und einer nichtalltäglichen Ladung, beim Hagenbichler vor das Tor seiner Werkhalle gefahren. „Was bringt mir denn der Steffl heut bei dem Sauwetter", denkt sich der Hagenbichler, der sich gerade mit einem Garagentor herumplagt. Er hat in den Hof eingeheiratet, den er neben einer gut florierenden Bauschreinerei mit seinem Sohn und seiner Gattin bestens versorgt. Auf Bauschreiner hat er umgestellt, weil in seinem erlernten Beruf als Wagner nichts mehr ging. Er ist aber auch für alle möglichen Anliegen, die in einem Bauerndorf so das ganze Jahr anfallen, der zuständige Mann. Denn an guten Einfällen hat es ihm noch nie gefehlt.

Nun wieder zurück zu unserem Bäuerlein und seinem Anliegen. Ein jämmerlich verrostetes, eisernes Feldkreuz mitsamt dem Betonklotz unten dran heben nun die beiden Männer vom Anhänger und lehnen es neben das Tor der Werkhalle. „Dau brengscht mir abr en Schwerkranka, mei Liabr. Mit deam derf's fei it bressiera", meint der Hagenbichler, der im Geiste schon die rostroten Staubschwaden um sich schweben sieht. „Ja, des isch mir scha klar", sagt der Ängerle Steffl. „Untrsuachsch es hald amaul, ob's ibrhaupt no en Sinn haut, ebbes dra zom macha. I komm de nägscht Wuch amaul mea rei, nau wear mr ja weiter seacha."

Daheim fragt die Ängerle-Bäuerin, die immer schon für etwas nobleres war, ihren Steffl:" Was haut denn dr Hagabichlr g'seit zua deam alta Kreiz ond zua deam verroschtada Herrgöttle?" „Ja ear will's jetz hald amaul ondrsuacha, ob mas no richta ka, odr ob's gscheidr isch, wenn ma glei a nuis Kreiz setza laut." „I dät dau it lang romm. I dät a scheas, nuis Holzkreiz nasetza lau, nau wär's ebbes gscheids, ond mir hättad lang onsr Ruah", meinte die Bäuerin. Und so geschah es dann auch.

Doch der Hagenbichler nimmt sich, wie abgemacht, das alte Eisenkreuz am selben Abend noch vor und stellt dabei fest, daß es noch gar nicht so schlecht damit bestellt ist, wie es auf den ersten Blick aussah. Viel Zeit und Geduld wird's hald brauchen, meint er für sich und legt es vorerst nochmal beiseite. Ein paar Tage später läßt man ihn wissen, daß er das Kreuz nicht mehr instandsetzen soll, da man ein Neues setzen lassen will. Er könne es zum alten Eisen werfen oder machen, was er damit wolle.

Der Winter kam und ging wieder, und auf den Wiesen ums Dörflein blühten schon wieder die Feldblumen in ihrer Pracht, als der Hagenbichler in seinem Wagen ins Nachbardorf fährt, um ein Geschäft zu erledigen. Zu seiner Überraschung sieht er ein neues, schönes Holzkreuz an der gewohnten Stelle prangen. - Na ja, hat sich erledigt, meint er für sich. Ich hab's ihm ja nicht ausgeredet, dem Steffl, mit dem alten Kreuz. Es war seine freie Entscheidung, ein neues anzuschaffen. Vielleicht hat seine Gertrud das entscheidende Wort dabei gesprochen. Einen schönen Batzen Geld wird's schon gekostet haben. - Es läßt ihn aber trotzdem nicht in Ruhe, das alte Kreuz. Zu Hause angekommen, geht er gleich in seine Werkstatt und holt es aus der Ecke. Zum alten Eisen werfen. Nein, sagt er für sich, auf gar keinen Fall. Wenn er auch nicht zu den Bigottischen gehört, aber das Herrgöttle zum alten Eisen werfen, das ging ihm doch zu weit. Im kommenden Winter wird schon soviel Zeit herausspringen, um es herzurichten. Aber wo wird er es dann aufstellen? Und da fällt ihm auf einmal was ein. Der dritte Altar bei der Fronleichnamsprozession hat seinen Platz seit eh' und jeh auf seinem Hof. Das könnt was werden. Wenn er neben seiner Hofeinfahrt einen schönen, breiten Sockel aufbauen und das Kruzifix da draufsetzen würde. Das wäre doch eine gute Sache. Eine Idee, die ihn nun nicht mehr losläßt. Gleich am selben Abend noch bringt er sie aufs Papier. Er macht eine Skizze. Es soll ein richtiges Fundament werden mit einer schönen Steinplatte oben drauf. In der Mitte das Kreuz, und an beiden Seiten soll genügend Platz für ein paar schöne, große Blumenvasen sein. Zwei Thujabäumchen werden an beiden Seiten das Ganze abschließen. Ein Podium aus Pflastersteinen als Vorplatz wird der Bedeutung der heiligen Stätte Ausdruck verleihen. Gute fünf Wochen sind es nur noch bis zum Fronleichnamsfest, und er hat noch nichts als den Plan. - Am folgenden Tag liegt der Hagenbichler schon lange wach in seinem Bett, ehe es Zeit ist zum Aufstehen und studiert über sein Vorhaben nach, von dem, außer ihm selber, noch keine Menschenseele was weiß. Doch im Laufe des Vormittags wird gleich seine Frau und auch der Sohn mit der Sache vertraut gemacht, und die schlagen auf Anhieb in die gleiche Kerbe.

Dann aber los. Wenn schon, denn schon, heißt jetzt das Gebot der Stunde. Ans Warten auf den Winter denkt keiner mehr. Am selben Abend wird noch Material herbeigeschafft, und am nächsten Tag wird gemauert. Das Entrosten von Christusfigur und Kreuz nimmt auch noch ein paar Abende in Anspruch. Dann anstreichen, eine Sache von ein paar Stunden. Aber bis es richtig trocken ist, werden einige Tage vergehen. Mit dem Herrn Pfarrer muß ja auch noch gesprochen werden über diese Angelegenheit, daß es dem auch recht ist. Der soll das Kreuz ja noch vor dem Fronleichnamstag einweihen. Man kann doch nicht beim Herrn Pfarrer mit der Tür ins Haus fallen, weil der mit seinen drei Pfarreien schließlich was anderes auch noch zu tun hat. Es geht schon recht knapp her mit der Zeit. Die Arbeit auf dem Feld soll hald zur rechten Zeit geschehen. Mit dem Stall ist es das Gleiche. Aber es vergeht kaum ein Tag, ohne daß es ein Stück weitergeht, und je länger er dran arbeitet, umsomehr freut sich der Hagenbichler über sein Werk und auf den Tag, an dem der Ortsgeistliche im vollen Ornat mit dem Allerheiligsten von seinem Hof aus den Gläubigen des Dorfes den Segen erteilen wird. Auf den Tag, an dem sein Herrgöttle in neuem Glanz erstrahlen wird, und das ganze Dorf soll sich freuen mit ihm.

Zum Feldkreuz am Höldenberg

Zur Ehre Gottes hat man mich erstellt,
und zum Segen auch für Flur und Feld.
Manch' stille Bitte war vielleicht damit verbunden
um Gottes Hilf' und Gnad' in schweren Stunden.

Der mich errichtet hat, ruht längst in Frieden.
Bedenk' auch Du, Du bist nur Gast hinieden.
Der mich erstellt hat, ruht an fernem Strand,
er starb im großen Krieg fürs Vaterland.
Nun sind auch die, die einst um ihn geweint,
in Gottes Frieden längst mit ihm vereint.

Alte Kameraden

Kennen lernten wir uns 1945 im Gefangenenlager bei dem Städtchen Kuwschinowo im Norden Rußlands. Mein Kamerad Willi Vorndran, zur Zeit Präsident des Bayerischen Landtags, lag genau über mir auf einer Pritsche, welche von der Mitte der Baracke, wo der Eingang war, bis an das untere Ende reichte. Es war die Baracke 3, in welcher auch die Österreicher untergebracht waren. Da ich nun schon Ende Juni 1944 bei der Kesselschlacht um Witebsk in Gefangenschaft geraten war, zählte ich zu der Zeit, als die Kapitulationstruppen in unser Lager kamen, schon zu den Altgefangenen. Aus diesem Grunde hatte ich damals auch einen etwas günstigeren Arbeitsplatz bekommen, wenigstens für ein halbes Jahr. Mit drei Kameraden, welche ebenfalls schon mindestens ein Jahr Lagerleben hinter sich hatten, wurde ich beim Garnisonsstab eingestellt, wo wir sozusagen Mädchen für alles waren. Das Brennholz herfahren, welches wir aus einem in der Nähe liegenden Fluß herausfischten, trocknen und klein gemacht, in die Büroräume der russischen Offiziere und Angestellten schaffen mußten, war neben dem Heizen und Saubermachen sämtlicher Räume des Stabsgebäudes, unsere tägliche Arbeit. Da wir nun eine längere Arbeitszeit hatten als die in der zwei

Kilometer vom Lager entfernten Papierfabrik und auf einem Bau oder sonst wo beschäftigten Brigaden (Arbeitskommandos), empfingen wir immer als Letzte das Essen, was aus 600 bzw. bei Erfüllung der Arbeitsnorm, 800 Gramm Brot pro Mann täglich bestand und aus Suppe und Kascha (Brei), was im allgemeinen zum Leben zu wenig und zum Sterben zu viel war. Speziell bei unserem Häuflein fiel nun das warme Essen ganz verschieden aus. Manchmal war's weniger, aber oft auch so reichlich, daß wir die über uns liegenden Kameraden ein bißchen mitversorgen konnten. Es ergab eins das andere, und man kam öfter mal ins Gespräch miteinander. So stellten wir, Willi Vorndran und ich, mit der Zeit fest, daß wir beide zu den maßgeblichen Bereichen des Lebens ungefähr die gleiche Einstellung hatten, was sich meiner Meinung nach, trotz unserer im späteren Leben sehr unterschiedlichen Berufe und Karrieren, nicht geändert hat. Vor allem in Religionsfragen, wo Willi Vorndran durch seine Tätigkeit als Ministrant bei den Gemeinschaftsgottesdiensten, welche in Abständen von mehreren Monaten, unter Aufsicht der russischen Lagerleitung und der deutschen Propagandisten stattfinden durften, ein öffentliches Bekenntnis zu unserem Christlichen Glauben ablegte. Hierzu möchte ich vermerken, daß von 1600 bis 1700 Mann Lagerbelegschaft im Durchschnitt nur so 50 bis 60 Mann, und immer die selben, an diesen ökumenischen Gottesdiensten teilnahmen. Größtenteils wohl aus Angst, bei der Politabteilung dadurch auf die Schwarze Liste zu kommen, blieben die allermeisten den Gottesdiensten fern. Nachdem wir wohl etwas später im selben Lager, aber eine längere Zeit nicht mehr direkt beieinander waren, kam die Verschiebung des weitaus größten Teils der Lagerbelegschaft. Außer den nicht voll arbeitsfähigen Leuten und den Österreichern, welche inzwischen von uns getrennt in einer eigenen Baracke untergebracht waren, wurden wir, rund 1000 Mann an der Zahl, in das riesige Steinkohlerevier am Donez im Südosten der Ukraine versetzt. Dort bot sich nach einem halben Jahr Schachtarbeit für uns beide die Möglichkeit, in die gleiche Brigade zu kommen, wo wir dann gemeinsam im Straßenbau und, Schulter an Schulter, in einem Steinbruch arbeiteten und gute Freunde wurden. Auch in der Baracke waren wir wieder Bettnachbarn geworden. Nur die Freizeitbeschäftigung war bei jedem eine andere. Während sich Vorndran mit Büchern über Chemie befaßte, die er sich geliehen hatte, lernte ich die Kyrillische Schrift und übte mich in der russischen Sprache. Die ersten Kenntnisse im Kyrillischen konnte ich mir schon in der Zeit, als ich beim Russischen Garnisonsstab beschäftigt war, an den Landkarten, welche in den Büroräumen an den Wänden aufgehängt waren, erwerben. Sich mit etwas Nützlichem zu befassen, brachte außer der geistigen Bereicherung auch noch den Vorteil, daß man den Hunger und vor allem auch das Heimweh nicht spürte.

Ende Juni 1949 war es dann endlich soweit, daß der Russe damit anfing, gesunde Leute in die Heimat zu entlassen. Nachdem Willi Vorndran schon bei den ersten Transporten mit dabei war, schlug für mich erst nach einer nochmaligen Versetzung nach Woroschilowgrad im September desselben Jahres auch die Stunde der Freiheit.

Mehr als 40 Jahre sind inzwischen vergangen, und jeder hat seine Familie und lebt in einer gesellschaftlich anderen Sphäre. Doch jeder von uns beiden, ich glaube so sagen zu dürfen, kennt den andern, wie seine eigene Hosentasche, und das gemeinsam in schwerster Zeit Erlebte ist bis heute nicht vergessen.

Sapotasch

A Kamrad, chotschesch sapotierowat, da? Das waren die ersten Worte des russischen Sergeanten, als er mir die nagelneue Blechschere aus der Seitentasche meiner Wattejacke gezogen hatte bei der überraschenden Kontrolle auf der Plattform des Förderturms vom Schacht 5 im Donezbecken. Sapotasch, das war immer die erste Reaktion der Russen, wenn am Arbeitsplatz etwas passierte, was sie sich nicht erklären konnten.

Der andere Wachposten, der die Reihe nebenan kontrollierte, horchte sofort auf und kam herüber, als er das vielgebrauchte, bedeutsame Wort gehört hatte und sah, daß hier der Karren zum Stehen gekommen war. Beide strahlten übers ganze Gesicht und freuten sich über den schönen Hecht, den sie nun am Angelhaken hatten.

Es war ja das Ereignis des Tages für sie. Die ganze Filzung war ins Stocken geraten. Nun kam auch noch der deutsche Schichtführer die Treppe herauf. Er merkte auch gleich, daß es hier um etwas Wichtiges ging und schaltete sich sofort in die Debatte ein. Er versuchte, genau wie ich, den beiden Posten klar zu machen, daß ich als frischgebackener Brigadier der Abteilung O.K.R. wohl kaum ein Interesse haben könnte, krumme Dinge zu drehen. Nun bekam die Unterhaltung eine ganz andere Note, so daß ich erst mal erzählen konnte, daß ich das Instrument nicht, wie vermutet wurde, irgendwo abgestaubt hatte, sondern in dem kleinen Schränklein, welches mir beim Einziehen im neuen Lager zugeteilt wurde, vorgefunden hatte. Als ich ihnen dann sagte, daß ich das bei den russischen Zivilisten sehr begehrte Werkzeug in Brot oder Rubel umsetzen wolle, blinzelten sich die beiden jungen Soldaten gegenseitig zu und grinsten vergnügt. Sie waren wohl beide gleichzeitig auf die Idee gekommen, daß sie da ein gutes Geschäft machen könnten, wenn sie den Vorfall nicht weiter meldeten. Ein paar Flaschen Wodka und einen Beutel voll Machorka brachte das Instrument auf dem Bazar leichthin.

Über „Sapotasch" wurde nun nicht mehr diskutiert. Natürlich, das Lachen konnte sich von da an keiner mehr verkneifen, weder die beiden Rotarmisten, noch ich, wenn wir einander am Schacht begegneten.

Gefangen, gehaßt und geliebt

Der Winter hatte nach seinen letzten Anstrengungen endgültig das Feld geräumt, und der kurze, aber schon sehr warme russische Frühling hatte seinen Einzug gehalten. Es war Mitte Mai, und die Kukuschkas (Kuckucks), von denen es in Weißrußland schätzungsweise drei bis viermal soviel gibt wie in unseren heimischen Gefilden, überschlugen sich förmlich im Rufen. Von dem Städtchen Kuwschinowo aus, wo sich unser Lager befand, das wiederum ein Teillager des Lagers 41 in Ostaschkow am Seliger See war, durch den die Wolga fließt, war ich mit 19 Kameraden zur Verstärkung eines Waldkommandos abgestellt worden. Wir behausten einen noch aus der Zarenzeit stammenden alten Bauernhof etwas abseits von einem Dörflein Namens Djadina. Insgesamt waren wir nun 55 Mann bei dem Haufen. Ich hatte mich freiwillig zu dem Kommando gemeldet, weil ich mit der Waldarbeit von Jugend auf vertraut war und weil es da ein bißchen nach Freiheit roch.

Zudem kannte ich Rudi Hanusch, den Kommandoführer, seit den ersten Tagen meiner Gefangenschaft. Wir durften dort langes Haar tragen, im Gegensatz zu den Lagern, wo man mit Glatze herumlaufen mußte. Die Umzäunung glich der einer Viehweide, und wer sich mit den Wachposten gut verstand, konnte am Abend für ein paar Stunden ins Dorf gehen und durch Arbeit bei den Bewohnern etwas Geld und zusätzlich was zu essen verdienen. Bauhandwerker schlossen sich zusammen und bauten an den langen Sommerabenden komplette Häuser für die Russen im Ort. Derartige Unternehmungen wurden in der Regel von Rudi Hanusch, welcher fließend und auch fast akzentfrei russisch sprach, im Einvernehmen mit dem Sergeanten, der das Wachkommando befehligte, vermittelt. Letzterer kassierte als oberste Instanz auf dem Territorium für seine Einwilligung ein angemessenes Schmiergeld.

Rudi Hanusch war, um ihn mit einigen Sätzen zu beschreiben, ein Unikum im wahrsten Sinne des Wortes. Er war Österreicher aus Wien, Jurastudent Mitte der zwanziger Jahre. Sein Aussehen, wie ja auch der Name, verrieten unzweifelhaft seine ungarische Abstammung. Das Kommando führte er, Dank seiner ungewöhnlichen Intelligenz, zu unserer und auch zur vollen Zufriedenheit der russischen Obrigkeit im Lager. Auch bei den Dorfbewohnern genoß er hohes Ansehen. Sonntags und auch abends spielte er gelegentlich auf seiner Gitarre, und wir sangen mit ihm unsere altbekannten Lieder aus der fernen Heimat.-

Die Normen, die wir bei der Waldarbeit hatten, waren die für die ganze Sowjetunion bei der Rohstoffproduktion geltenden Staatsnormen. Sie waren unveränderlich zum Unterschied von Betriebsnormen, wie sie die Fabriken hatten. Betriebsnormen galten nur für den jeweiligen Betrieb und konnten höher geschraubt werden, was immer wieder mal der Fall war. Die Staatsnormen waren im allgemeinen so angesetzt, daß sie von einem Durchschnittsmenschen im Normalfall erfüllt werden konnten, wenn er eingearbeitet war und gut zugriff. Zur warmen Jahreszeit schafften wir die Norm im Wald auch manchmal in sieben Stunden. Im Winter, bei Schnee und Kälte, war es allerdings nicht immer möglich, die Norm zu erfüllen. Im Sommer und im Herbst konnten wir nach der Arbeit Pilze sammeln oder Beeren pflücken, welche es ja in rauhen Mengen gab. - Was die Schwarzarbeit nach Feierabend betraf, war ich oft auch für mich allein, weil mein Sägepartner sich schon einer Gruppe von Handwerkern angeschlossen hatte, bevor ich zum Waldkommando kam. Da ich mich zu dieser Zeit mit den Russen schon gut verständigen konnte und auch die Kyrillische Schrift gelernt hatte, war ich weitgehend unabhängig. Eines Abends kam eine Frau aus dem Dorf zu uns, mit der Bitte, ihr den Garten auszumähen, in dem auch einige Obstbäume standen. Ihren Mann hatte sie im Krieg verloren. Hanusch wußte, daß ich aus der Landwirtschaft kam und schickte mich zu ihr hin. Über das Angebot war ich mit ihr schnell einig, und am folgenden Sonntag in aller Herrgottsfrühe machte ich die erste Hälfte nieder und die Zweite an den nächsten zwei Abenden, natürlich alles mit der Sense. Das Anstreuen besorgte die Hausbesitzerin selber, noch während ich am Mähen war. Anschließend nahm sie mich mit in ihr Haus, gab mir was zu essen und was wir an Lebenmitteln vereinbart hatten, wobei sie mir auch gleich ihr nächstes Anliegen vorbrachte. Ich sollte ihr einen neuen Gartenzaun machen. Auch das Material mußte ich ihr besorgen. Da sie sich beim ersten Auftrag nicht kleinlich gezeigt hatte, war die Sache auch diesmal bald ausgehandelt, und ich beschaffte ihr in derselben Woche noch die Hälfte des notwendigen Materials. Mein Sägepartner half mir dabei, so daß ich schon bald mit dem Setzen des Zauns beginnen konnte.

Da ich schon einige Male beim Aufladen des Brennholzes dabei war, welches der Forstbeamte mit dem Waldaufseher zusammen, zur Aufbesserung des Einkommens, bei Nacht und Nebel, lastwagenweise „na lewo (nach links)" rutschen ließ, wie man in Rußland diese Art von Nebenerwerb nannte, hatte ich diesbezüglich nichts zu befürchten. Mein Sägepartner mußte wieder zu seiner Gruppe zurück, und ich arbeitete inzwischen schon fast eine Woche lang an meinem Objekt. Das Werkzeug, was ich im Wald nicht täglich benötigte, wurde im Holzschuppen der Hauswirtin aufbewahrt, den sie mit einem Vorhängeschloß versehen hatte. Eines Abends waren der Schuppen und auch die Haustüre verschlossen, und wer mir öffnete, war ein bildhübsches Mädchen von etwa siebzehn Jahren. Sie war soeben aus dem nahegelegenen Städtchen gekommen, wo sie eine höhere Schule besuchte. Ihre Mutter, die sich gerade bei einer Nachbarin aufhielt, mußte sie gut informiert haben, da sie schon über alles Bescheid wußte, weshalb ich da war und was ich zu tun hatte.

Sie war sehr aufgeschlossen, und ich merkte bald, daß sie Feuer gefangen hatte und sich auf deutsch mit mir unterhalten wollte, das sie schon fast so gut beherrschte, wie ich das Russisch. Für mich war das eine freudige Überraschung, da ich bis dato von dem netten Mädchen nicht das Geringste gewußt hatte. Anschließend holte ich mein Werkzeug aus dem Schuppen und arbeitete, bis es dunkel wurde. Der Abend war so schnell vergangen, und ich lag die halbe Nacht wach auf meiner Pritsche. Auch am folgenden Tag dachte ich die meiste Zeit an das Mädchen, von dem ich noch nicht einmal den Namen wußte. Eigentlich war ich auch ein bißchen traurig darüber, daß das schöne Spiel so kurz gewesen war, und freute mich aber auch zugleich über die spontane Zutraulichkeit der Kleinen. Sie war ja noch, bevor ich weggegangen war, mit ihrer Mutter kurz bei mir am Zaun gewesen, und sie hatten mir Gute Nacht gesagt und daß ich heute wieder kommen sollte.

Als ich am Abend wieder weitermachen wollte, stand der Dorfsowjet, mit noch einem Russen, beide in Parteiuniform, im Hof meiner Auftraggeberin. Ich wurde festgenommen und in sein Amtszimmer abgeführt. Von da aus telefonierte er an das Wachkommando, während der andere Russe kein Auge von mir abwendete. Von dem Telefonat hatte ich mitbekommen, daß ich nun von einem unserer Wachposten abgeholt werde. Dem ließ er dann, gleich bei seinem Eintreffen, eine nicht gerade höfliche Belehrung angedeihen. Man hatte vergessen, ihn als den Ortsgewaltigen von meiner Tätigkeit in Kenntnis zu setzen. Nach knapp einer Woche bekam ich Bescheid, daß ich meine Arbeit fortsetzen könne. Bevor ich wieder anfing zu arbeiten, ging ich aber zuerst ins Haus, um mich wieder vorzustellen. Da lag die Schöne in einem Bett, welches in der Wohnstube aufgestellt war. Sie strahlte mich an und erzählte mir, daß sie sich auf dem Schulweg, den sie zu Fuß machen mußte, erkältet hatte. Nach einer kurzen Unterbrechung bat sie mich, näher zu kommen und mich auf den Stuhl zu setzen, der neben ihrem Bett stand, was ich mir nicht zweimal sagen ließ. Dann zeigte sie auf ein Kissen, welches auf der Bettdekke am Fußende lag und bat mich, es ihr unter Kopf und Rücken zu legen. Ein wenig erstaunt, erfüllte ich ihren Wunsch, wobei sie sich mit dem rechten Arm an mir festhielt und ganz leise sagte: „Ich heiße Nadja." Das nahm mir den letzten Rest von Verlegenheit, und ich zog sie an mich und küsste sie, wobei sie mir beide Arme um den Hals legte.

Nach einer kleinen Weile sagte sie, daß ihre Mama in einigen Minuten aus dem Stall zurück kommen werde. Bald darauf hörten wir Schritte vom Hof her, und sie zog mich nochmal an ihre Brust und küsste mich, bis ihre Mutter die Haustüre öffnete und anschließend auch gleich die Stube betrat. Daß ich bei ihrem Töchterlein neben dem Bett saß, überraschte sie vielleicht doch ein wenig, jedoch verriet ihre freundliche Miene, daß sie nichts dagegen hatte. Wir sprachen dann noch über den Vorfall mit dem Dorfsowjet. Zum Arbeiten am Zaun kam ich an diesem Abend nicht mehr.

An den nächsten Tagen versuchte ich dann aber, von der versäumten Zeit etwas gut zu machen, was mir auch gelang. Trotzdem ging ich, bevor ich das Werkzeug holte, immer kurz ins Haus, um mit Nadja und ihrer Mutter ein paar Worte zu reden. Nadja lag immer noch in ihrem Bett in der Wohnstube. Die Sache mit der Erkältung war doch nicht ganz so harmlos, wie man anfänglich geglaubt hatte.

Eines Abends stand, als ich hinkam, ein gutaussehender, junger russischer Unterleutnant neben Nadja an ihrem Bett und unterhielt sich ziemlich lebhaft mit ihr. Auf meinen Gruß dankte er sehr freundlich, und Nadja sagte ihm, daß ich der Woina Pleny (Kriegsgefangene) sei, welcher den Gartenzaun macht. Er fragte mich dann, ob ich Deutscher oder Österreicher sei, und ob ich freiwillig in den Krieg gegangen sei oder auf Befehl. Das war das, was die allermeisten Russen beim ersten Gespräch von jedem Gefangenen wissen wollten. Da ich ihm mit gutem Gewissen sagen konnte, daß ich ganz regulär zur Wehrmacht einberufen wurde und Deutscher sei, nickte er zufrieden mit einem: „No nitschewo." Auf deutsch soviel wie: schon gut. Nadja war unverändert freundlich und gut aufgelegt. Wohl aus Höflichkeit ihrem Gast gegenüber, den sie mir als ihren Cousin vorgestellt hatte, sprach Nadja an diesem Abend auch mit mir nur russisch. Ich ging nach dem kurzen Gespräch gleich an meine Arbeit und nicht mehr ins Haus, um Nadja nicht in Verlegenheit zu bringen. Es war Pfingstsamstag, und Pfingsten wird bei den Russen genau so groß gefeiert wie bei uns in Deutschland. - Als ich nach den Feiertagen wieder hinkam und nichts ahnend das Werkzeug aus dem Schuppen holte, traf ich Nadja und ihre Mutter auf dem Hof an und merkte gleich, daß etwas nicht stimmte. Sie waren beide ziemlich wortkarg und wirkten etwas niedergeschlagen. Besonders Nadja, die anscheinend wieder gesund war, machte einen sehr bedrückten Eindruck und sprach nur ein paar Worte mit mir. Ich ging an den Zaun, den ich inzwischen weiter als zur Hälfte fertig hatte und grübelte während der Arbeit nach, was wohl die Ursache für das total veränderte Verhalten der beiden sein könnte. Am nächsten Morgen, bei der Befehlsausgabe, nach einer für mich fast schlaflosen Nacht war das Rätsel ganz klar gelöst worden. Es war wieder einmal etwas vorgefallen, was das an sich sehr gute Verhältnis zwischen der russischen Bevölkerung und uns im allgemeinen schwer belastete. Zwei Rowdis, wie es sie leider auch unter uns deutschen Gefangenen gab, hatten in der vorletzten Nacht im Hühnerstall meiner Hauswirtin eingebrochen und die Hälfte ihrer Hühner gestohlen und waren der Tat überführt worden. Durch das Donnerwetter, welches dann bei der Zählung auf uns nieder ging, waren wir dann alle über diesen gemeinen Diebstahl informiert worden. Eine zeitlich zunächst unbegrenzte Ausgangssperre war die Folge für uns alle, was uns natürlich nicht überraschte. Die beiden Missetäter wurden ins Lager abgeschoben, wo sie zur Rechenschaft gezogen wurden.

Mit etwas gemischten Gefühlen begab ich mich nach der Ausgangssperre, welche zehn Tage gedauert hatte, wieder ins Dorf, um meine Feierabendtätigkeit wieder aufzunehmen. Diesmal ging ich aber nicht wie sonst ins Haus, bevor ich anfing zu arbeiten. Ehe es dann dunkel wurde, kam das, was mich in Gedanken schon eine Weile beschäftigte. Ob ich nun hineingehen sollte oder nicht. Aber wie sieht denn das aus? Das kam mir auf einmal so in den Sinn. Sollte ich mich vielleicht davonschleichen, wie einer, der kein gutes Gewissen hat? Nein, das durfte ich auf gar keinen Fall. Schließlich hatte ich persönlich mit dem Diebstahl nicht das Geringste zu tun. Also hatte ich mich fest entschlossen, ins Haus zu gehen. Ich nahm mein Werkzeug zusammen und ging in Richtung Holzschuppen. Da stand Nadja mit ihrer Mutter an der Haustür und wartete auf mich. Mir fiel ein schwerer Stein vom Herzen, als ich ihre nun wieder freundlichen Gesichter sah. Sie nahmen mich mit ins Haus, und es gab beiderseits so einiges zu erzählen. Von unserem Kommandoführer Rudi Hanusch hatten sie erfahren, daß dieser Hühnerdiebstahl ausschließlich eine Sache der beiden Delinquenten war, die ins Lager zurückgeschickt wurden, und daß kein anderer davon gewußt hatte. Nadja strahlte wieder vor Freude, und auch ihre Mutter, für die ihr einziges Töchterlein ihr Ein und Alles war, machte einen sichtlich erleichterten Eindruck.

Noch ein gutes Vierteljahr waren wir in dem Dorf, wo ich die Gefangenschaft manchmal beinahe für ein paar Stunden vergessen hätte. Dann wurde das ganze Waldkommando überraschend aufgelöst. Wir mußten zurück ins Lager nach Kuwschinowo und wurden anschließend, mit fast 1000 Mann, in das große Steinkohlerevier am Donez in ein neues Lager versetzt, von dem aus dann zwei Jahre später die meisten von uns die lang ersehnte Heimreise antreten durften.

Idi sa mnoi (Geh mit mir!)

Der Holzplatz lag im Raum zwischen Moskau und Leningrad, das seit der politischen Wende in der ehemaligen Sowjetunion wieder, wie zur Zeit der Zaren, St. Petersburg heißt, direkt an einer Bahnlinie, auf der nicht sehr viel los war. Der Zug, den wir zu beladen hatten, blieb auf freier Strecke am Verladeplatz stehen, welcher zu beiden Seiten des Gleises angelegt war. Er hatte uns hierhergebracht und nahm uns nach getaner Arbeit wieder mit zurück zum Lager. Da nun der Zug nicht eher an seinen Bestimmungsort abfuhr, ehe nicht sämtliche Waggons vollgeladen waren, dauerte diese Expedition manchmal so an die 30 bis 35 Stunden. Nun mußte aber für die anderen Züge, welche innerhalb dieser Zeit durchfuhren, immer wieder die Strecke frei gemacht werden, und das waren immerhin zwei bis drei Stück.

So war nun wieder einmal unser Holzzug zur Station gefahren, um einem dieser Züge Platz zu machen. Bis er wieder zurück kam, verging immer fast eine Stunde, und wir trampelten mit hundert Mann den 30 cm tiefen Schnee auf dem Holzplatz nieder, daß er war wie eine Skipiste, und wir zitterten wie Espenlaub vor Kälte. Inzwischen war es so um 7 Uhr morgens, und unsere Wachposten waren anscheinend mit dem Zug zur Station gefahren, da auf dem ganzen Platz keiner zu sehen war, was ja eigentlich ein Verstoß gegen ihre Wachvorschrift war, aber uns konnte das nur recht sein. Was konnte auch schon passieren? Wo wollten wir denn schon hin bei der Kälte in dieser Wildnis.

Da uns russische Frauen, welche mit Pferdeschlitten tagsüber Holz anfuhren, schon öfter mal um Seife angehalten hatten, wofür sie uns Brot zum Tausch anboten, hatte ich ein paar Stückchen mitgenommen. Da ging aber nur was, wenn kein Posten in der Nähe war. Seife war das einzige, wovon wir im Lager genügend zugeteilt bekamen und sogar manchmal ein Stückchen zu Tauschzwecken abzweigen konnten. Ungefähr 150 Meter vom Holzplatz entfernt stand eine kleine Gruppe von etwa fünf Russenhäusern. In einem davon brannte schon Licht. Es war das Zweite in der Reihe. Ins Erste wollte ich nicht gehen, weil da die Wachposten immer zum Aufwärmen hingingen. Also nahm ich mir das Zweite vor und schlich heimlich im Schutz der Dunkelheit davon, um mein Glück mit meinen zwei Stückchen Seife zu versuchen. Es war reine Kernseife, wie sie auch die Soldaten der Garnison bekamen. Die Haustüre war zu meiner Überraschung schon aufgeschlossen, und im Hausgang kam mir eine Babuschka entgegen, welche sofort wieder kehrt machte und fluchtartig in einem der hinteren Gemächer verschwand. Ich blieb natürlich stehen und harrte der Dinge, die nun kamen. Es waren wirklich Dinge. Eigentlich war es nur eins, welches mir für einen Moment das Blut in den Adern stillstehen ließ. Ein junger Mann in Uniform, den Gürtel mit dem Revolver zog er gerade noch fest, fast um den Kopf größer als ich, stand nun plötzlich vor mir. Allem Anschein nach hatte der blone Hüne mit Stiefel und Sporen auf einer Pritsche geschlafen. Da mein russischer Wortschatz zu dieser Zeit noch sehr mangelhaft war, zeigte ich ihm gleich meine beiden Stückchen Seife, um ihm den Grund meines sicherlich unerwünschten Besuches schneller begreiflich zu machen. Er nahm mich mit in die Küche und gab mir ein paar kleine Stückchen Brot zu essen und einen Becher mit Quast. Das ist das alltägliche Getränk der bäuerlichen Bevölkerung in Rußland, wohl aus Buttermilch und Wasser bestehend. Ich mochte es noch nie, aber ich trank es, um bei dem Russen keinen Unmut zu erwecken. Aus demselben Grund sagte ich auch ja, als er mich fragte, ob ich satt sei, als ich das Brot gegessen hatte, was natürlich keineswegs der Fall war, da wir während der ganzen Tour nichts zu essen bekamen. Zudem war das Ganze eine große Schinderei, da der Bahndamm an dieser Stelle sehr hoch und steil war, und wir mit den schweren Holzblöcken durch den Schnee immer ausrutschten. Während ich aß, ging er nicht aus der Küche. Die Seifenstücke, welche ich auf den Tisch gelegt hatte, gab er mir wieder zurück. Dann sagte er im Befehlston: „No, idi sa mnoi."

So ging's nun wieder zurück zum Holzplatz, indem ich vor meinem Gebieter herlaufen mußte. Zu meinem Glück mußte er die Wachposten, welche sich noch in der Lok aufhielten, zuerst suchen. Der Zug war soeben wieder eingetroffen. Diese Gelegenheit nutzte ich und mischte mich unter die Kameraden, welche von meiner kurzen Abwesenheit gar nichts gemerkt hatten. Da mich der Genosse Kommissar dann nicht mehr vorfand, wo er mich hingestellt hatte, mußte der ganze Haufen in Dreierreihe antreten, und er suchte die Reihen durch, um mich den Posten vorzustellen. Ich hatte aber inzwischen mit einem Kameraden die Mütze getauscht, und er erkannte mich nicht mehr. Sonst wäre mir der Abstecher wahrscheinlich nicht gut bekommen. Was ein guter Kamerad manchmal wert war.

Der Fremde!

Es klopfte ein unbekannter Mann,
schon einige Male bei mir an.
Mir war's, als klopfte er an mein Herz,
durch den linken Arm zog ein seltsamer Schmerz.

In Bedrängnis geriet ich, und mir war bang,
fast eine Viertelstunde lang.
Doch niemand sprach zu ihm: „Tritt ein!" -
Die Zeit wird wohl noch nicht gewesen sein.

Der Mann ging weiter, ich dankte Gott,
etwas später erfuhr ich, es war der Tod.
Wie war ich froh, als ich ihn sah geh'n,
doch hört' ich ihn sagen: „Auf Wiedersehn!"

Vom Nikolaus

Als Nikolaus, ihr liabe Leit,
so oifach isch des nemme heit,
bei deam Wohlschtand weit ond breit,
was macht de Kendr no a Freid?
Laibla, Nussa, isch doch wauhr,
hand se ja scha dur's ganze Jauhr.

Des Klausagschäft weat au all mendr,
es geit ja nemme soviel Kendr,
ond dau, wo's arme Kendr geit,
dau na isch hald dr Weag so weit.

Denn, des isch en dr dritta Welt,
dau fehlt's an allem, it bloß 's Geld.
Desch z'Indien ond z'Afrika,
dau kommt koi Nikolaus it na.

Des Leaba isch ja so verschieda,
ond viel Leit send mit nix mea zfrieda.
Dau mecht ma, Leit i ka ui saga,
scha manchmaul mit dr Ruat neischlaga,
ond des it bloß bei de Kendr,
de Alte, dia send oft no mendr.

Doch, es geit au scheane Schtonda,
dia wo mit Freida send verbonda,
ond fir a Paar schtrahlende Kendrauga
duat dr Nikolaus sich geara blauga,
ond a bissle echta Dankbarkeit,
isch des, was eahn am meischta freit.

Winter

Der Winter ist ein Bösewicht,
bringt Kälte, Schnee und Sorgen.
Wer im Beruf steht, in der Pflicht,
dem bläst er frostig ins Gesicht,
oft schon am frühen Morgen.

Doch soll's im Winter Winter sein.
So ist der Lauf der Zeiten.
Und stellt sich mal die Sonne ein
mit ihrem lieblich, zarten Schein,
beschenkt er uns mit Freuden.

Wentraubad, ohna Schtrom

Isch des a Zuig,
wenn ma koin Schtrom it haut.
Wenn's Liacht weg isch,
ond d'Melkmaschi it gaut.

Es funktioniert koi Radio,
es gaut koi Bügleise.
Was d'alangesch, was d'doa willsch,
allz isch Sch.... - Schmarra.

Nau isch no allawei belegt, des Telefo,
wahrscheinlich schreiad alle Baura Mordio.
Wear soll denn soviel Kiah no melka, mit dr Hand.
Nau muasch no rechna, daß sie sich it melka land.

Ob d'jetz dau Hans hoiß'sch,
Michl odr Sepp.
Auf jeden Fall schtausch dett,
als wia a Depp.

Jahreswende

Schon wieder steh'n wir an der Wende
vom alten Jahr zum Neuen hin.
Wie war es doch so schnell zu Ende,
so wie im Wind die Wolken zieh'n.

Was vor zweiundfünfzig Wochen
noch vor uns lag, kaum angebrochen,
was zu durchwandern vor uns stand,
ist nun inzwischen Hinterland.

Man denkt ans alte Jahr zurück
und wünscht sich für das Neue Glück.
Glück wünschen wir auch unsern Lieben,
die wir uns ins Herz geschrieben.

Gesundheit, Eintracht, Freud' und Frieden
sei uns im Neuen Jahr beschieden.
Zu hoch woll'n wir das Ziel nicht stecken,
so wir am Ende dann entdecken,
zum echten Glück in unsrer Zeit
fehlt oft nur die Bescheidenheit.

Doch wollen wir es nicht versäumen
zu danken dem, der alles lenkt
am Firmament, in Weltenräumen,
der Zeit und Leben uns geschenkt.
Dem Herrn, der über uns bestimmt,
wenn Er gibt und wenn Er nimmt.

Worterklärungen

Agad	Agathe
aschlecka	ablecken
Baule	Kater
Bloama	Blumen
Breschtana	Wehwehchen
brockt	gepflückt
Däg	Tage
dau roba	da heroben
det ond dau	da und dort
Dier	Türe
Diesch	Tisch
Draut	Draht
duir	teuer
Duscht	Durst
eareschthaft	ernsthaft
ebbr bisch	jemand bist
feireg	nicht arbeitend
flackt es dau	liegt es da
gau	gehen
gea	geben - gegeben
gfalla lau	gefallen lassen
Gfauhr	Gefahr
ghet	gehabt
globad	gelobt
Glomp	Gelumpe
Gnack	Genick

gnua	genug
graddla	wackeliges Gehen
Gschtöll	Gestell
hau	haben
hausa	haushalten
Heacha	Höhe
Hiatafuirle	Hirtenfeuer
Hoara	Hörner
Hoaraviech	Hornvieh
hudla - ghudlad	übereilen
huir	heuer
iaba	üben
Kemekehr	Kaminkehrer
Kend	Kind - Kinder
Kiah	Kühe
Lalle	einfältiger Trottel
land it luck	laßt nicht locker
Loibla	Plätzchen
losa	horchen
Maunat	Monat
miad	müde
miega	mögen
moit	meint
neigseacha	hineingesehen
Oaschtra	Ostern

Oich	Eiche
Pur le fits (franz.)	Durchfall
Ruah	Ruhe
sait	sagt
Seages	Sense
Seal	Seele
Sealadag	Allerseelen
senga heara	singen hören
schlaufa	schlafen
schneiba	schneien
Schpitzaweabr	Spitzwegerich
schtau	stehen
Schteara	Sterne
Schtuahl	Stuhl
Schtuck	Stück
Schwauba	Schwaben
Viehwoid	Viehweide
vrbudla	Frisur durcheinander bringen
Vrlaub	Erlaubnis
vrschtau	verstehen
Woizamannd	aufgestellte Weizengarben
Wuch	Woche
Zanne	saures Gesicht
Zoara	Zorn
Zuig	Zeug

Weitere Bücher von Isidor Höld

Hoimatland und Hoimatschprauch

Heiter und besinnlich

Ebenfalls in der Mundart Mittelschwabens versammelt dieses Büchlein in 3. Auflage 70 Gedichte und Prosastücke auf 116 Seiten, die das lebendige Bild einer Landschaft und ihrer Bewohner zeichnen. Hier wird das Hennedrama humorvoll erzählt, hier ist das weithin bekannt gewordene Gedicht „Schtaudabähnle" nachzulesen, das 1985 beim Wettbewerb „150 Jahre Eisenbahn" des Bayer. Rundfunks mit dem ersten Preis ausgezeichnet wurde.

Ursprünglich und unmittelbar spricht aus diesen Gedichten und Geschichten das Denken und Empfinden der Menschen in den Stauden. Untrennbar mit der Landschaft verbunden ist die urwüchsige Sprache.

Von Annemarie Jaumann stammen die 22 Illustrationen, den farbigen Umschlag gestaltete Werner Specht.

„Weihnacht"

„Auf 64 Seiten bietet sich das Bändchen als sicherlich gern in die Hand zu nehmendes weihnachtliches Präsent für alt und jung gleichermaßen an. Freunde echter Heimatliteratur mit gewachsener Originalität, kommen mit diesem dichterischen Geschenk des trotz aller Anerkennung bescheiden gebliebenen Autors voll auf ihre Kosten." (R. Wagner, Kreisheimatpfleger)